石隈・田村式援助シートによる

チーム援助入門

学校心理学・実践編  新版

石隈利紀・田村節子 著

図書文化

はじめに

学校で苦戦している子ども・先生・保護者・カウンセラーのみなさんへ

　いろいろな人がいて，いろいろな人生があります。一人ひとりの子どもも，それぞれの人生を生きています。「勉強ができるようになりたい」「自分の性格や容姿を好きになりたい」「友達とうまくつきあいたい」「健康に生活したい」「自分の適性について知りたい」などのさまざまな願いをもちながら，子どもは成長しています。

　しかし残念ながら今日，子どもをめぐってはさまざまな問題が起きています。不登校やいじめなどの問題の増加や深刻化は，学校が多くの子どもにとって楽しい場所ではなくなってきていることを示唆します。さらに学校やその周りでの子どもの自殺や殺傷事件は，子どもの生命が危機にあると警告しています。

　もしあなた（児童生徒）が学校生活で苦戦していたら，まず苦戦している自分をいたわり，誉めましょう。あなたは真面目だから，一生懸命だから，よけいに苦戦しているのかもしれません。次に，あなた自身のできること，強いところ，ちょっぴり自信のあるところ，楽しめることをあげてみてください。苦戦のとき役に立つものは，あなた自身の力です。あなたの力は，発展途上です。使うほどに伸びるのですから，使わなければ損です。また楽しいことをすることで，あなたのエネルギーは大きくなります。そしてもう一つ。あなたは困ったときに，だれに援助を求めますか。苦戦しているときは，友達，先生，保護者，隣人，だれでもいいです。あなたが声をかけやすい人に，援助を求めましょう。

　もしあなた（先生，カウンセラー）が子どもを援助することに苦戦していたら，まず苦戦している自分をいたわり，誉めましょう。あなたは自分の職業に真剣に取り組んでいるから，よけいに苦戦しているのかもしれません。次に，あなた自身の能力，趣味のなかから，子どもの援助に役立つものをあげてみてください。苦戦しているときに有力なのは，あなたの長年の人生経験や

職業経験であり，力です。あなたの経験や力を，子どもを援助する「道具」にしましょう。

　もしあなた（保護者）が子どもの援助で苦戦していたら，まず苦戦している自分をいたわり，誉めましょう。あなたの子どもへの思いに勝るものはありません。あなたの願いが熱いだけに，子育てにとって厳しい環境のなかで，あなたの苦戦が大きくなっているのかもしれません。次にあなたの能力，趣味，特技のなかから，子どもの援助に役立つものをあげてみてください。苦戦しているときに生かせるのは，あなたが長年の人生経験で蓄積した能力であり，趣味です。そして，あなたが子どもとのかかわりで見つけてきた「子どもについて知っていること」が，とても役に立ちます。あなたの能力と情報を，子どもを援助する「道具」として使いましょう。

　私たち大人が子どもを援助するのは，子どもが弱いからではありません。子どもが変わっているからでもありません（変わっていることは魅力です！）。苦戦している子どもを，私たち援助者がほうっておけないからです。援助者が援助することで，子ども自身の力が発揮しやすくなり，成長するからです。

　では，子どもを上手に援助するためにはどうしたらよいのでしょうか。その鍵は，「つなぐこと」です。「子どもについての情報」をつなぐこと，そして「子どもを援助する援助者」をつなぐことです。子どもについての情報が，集められ，つながれて，意味づけられることで，子どもの理解が進み，援助方針が共有できます。そして子どもの援助者が，発見され，つながれることで，子どもの援助ネットワークができます。

　本書では，①子どもの学校生活における情報を収集し，つなぎ，そして援助活動をつないでいく「援助チームシート」，②子どもの援助資源を発見し，整理する「援助資源チェックシート」，③子ども自身と保護者が記入する「アンケートシート」を紹介します。これらは子どもを理解するときの道具であり，子どもの援助にチームであたるときに活用するとさらに有力に使える道具です。つまり本書は，援助シートを活用したチーム援助の入門書です。そして，一人ひとりの子どもの学校生活をチームで援助するという学校心理学の実践のすすめと言えます。

　最後に合い言葉を紹介します。

　　　　子どもの力を生かそう

　　　　援助者（サポーター）の力を生かそう

　　　　みんなが資源　　みんなで支援

　さあ，始まりです。

石隈　利紀

もくじ

新版　石隈・田村式援助シートによる チーム援助入門
学校心理学・実践編

はじめに　2
本書のごあんない　8

チーム援助の考え方編

第1章　苦戦している子どもをどう援助するか　10

1　学校心理学とは　12

2　子どもの強いところを生かそう　14
　　●子どもの個性と自助資源●子どもの得意な学習スタイルを見つけよう●子どもの得意な行動スタイルを見つけよう

3　援助者の力を生かそう　18
　　●援助者の能力●援助者の趣味や特技●援助者の立場

4　お互いに助けられ上手になろう　～助け上手は助けられ上手～　22

第2章　援助シートとチーム援助　24

1．2つの援助シート　25
　　●援助チームシート●援助資源チェックシート●シート記入ソフトのダウンロード

2．チーム援助　29
　　●チーム援助とは●なぜチーム援助が必要か●チーム援助の機能

援助シートの書き方編

第3章　援助チームシートを書こう　32
立派なことを書かなくていいよ

1．援助チームシートとは　32

2．援助チームシートの書き方　38
●シートの欄外について●シートの上段について●シートの中段について●シートの下段について

3．使い方のコツ　45

第4章　援助資源チェックシートを書こう　48
サポーターをさがそう！

1．援助資源チェックシートとは　48

2．援助資源チェックシートの書き方　50
●全体について●各欄の詳細について

3．使い方のコツ　53

第5章　アンケートシートを利用しよう　56
子どもの声を聞こう！　親の声を聞こう！

1．アンケートシート・児童生徒版　57
●児童生徒版とは●おもなアンケートシートの項目●児童生徒版の使い方

2．アンケートシート・保護者版　62
●保護者版とは●おもなアンケートシートの項目●保護者版の使い方

3．アンケートシート・保護者振り返り版　65
●保護者振り返り版とは●おもなアンケートシートの項目●保護者振り返り版の使い方

チーム援助の実践編

第6章　援助シートを利用して自分で始めよう　68

1．援助者のシート活用法　69
●苦戦している子どもについての情報を集める●苦戦している子どもに対してできることを模索する●手助けを得る道具として

２．保護者のシート活用法　　**76**

●「子ども」「子どもへのかかわり」についての情報整理として●「自分自身」についての情報整理として●担任との面談資料，援助チームの話し合いの資料として●シートを使ってみた保護者の声

第7章　援助シートを利用してチームで始めよう　　80

１．子ども一人ずつの支援隊をつくろう！　　**82**

●コア援助チームとは●コーディネーターとは●コア援助チームをコーディネートする時期●コア援助チームができるまで

２．コア援助チームでの話し合いの進め方　　**93**

●援助チームでの話し合いの進行例●保護者も先生も気持ちよい話し合いにするために●話し合いについてのQ&A

３．お互いのもち味を生かして話し合おう　　**104**

●話し合いの準備●司会者の役割●司会者の具体的な役割●参加者の役割●管理職からのサポートを得るコツ●守秘義務と報告義務●訴訟問題にならないために

第8章　援助シートを利用して仲間につなげよう　　110

１．縦のチームプレイをしよう！　　**110**

●子どもへの援助をつなぐ意義●「白紙で子どもに接したい」について●引き継ぎにおける言葉のポイント：事実と推測を分けよう

２．人を引き継ぐ　　**113**

●信頼関係はバトンタッチされる●メンバー選択●変わらないチームメンバー

３．シートを引き継ぐ　　**115**

●引き継ぎにおけるシートの利用の仕方●蓄積データとしての管理

４．引き継ぎによくある誤解　　**117**

●誤解の背景と対応法とは？●前者から後者への財産とは？

チーム援助の事例編

第9章　援助シートを使った事例　　120

１．ハルコの不登校に関する援助　　**121**

２．ナツコの保健室登校に関する援助　　**124**

3．アキコの相談室登校に関する援助　　127

4．適応指導教室に通うサトルへの援助　　130

5．タケシの学習の苦戦に関する援助　　133

6．リョウの校則違反に関する援助　　136

7．マユミの危機的状況への援助　　139

巻末資料　142

●ロールプレイを使った研修会のもち方●事例検討会での活用●SOSチェックリスト

シート

●援助チームシート

　　4領域版　33，34

　　5領域版　37

●援助資源チェックシート

　　援助資源チェックシート　49

●アンケートシート

　　児童生徒版　61

　　保護者版　64

　　保護者振り返り版　67

さくいん　154

引用文献　155

あとがき　156

コラム

1　寅さんに学ぶ「援助資源なりふりかまわず活用型」　11

2　学習スタイルを把握する検査　16

3　子どもと環境の折り合いとは　16

4　休養のすすめ　21

5　釣りバカのハマちゃんに学ぶチーム援助　31

6　援助チームシートを使ってみた先生の声　35

7　LDとADHD（発達障害）について　36

8　見える情報・見えない情報　39

9　援助案が見つからないときには　44

10　援助者のみなさんへのエール　47

11　校外のネットワークを見つけよう　55

12　学校にはどんな先生がいるのだろう？　55

13　「アセスメント」と「フィードバック」の関係　60

14　カウンセリングにおける3種類のかかわり　73

15　チーム援助がむずしい理由　74

16　コンサルテーションと相互コンサルテーション　88

17　学校で行う援助サービスのシステム　91

18　援助チームの話し合いは「作戦会議」　93

19　作戦会議とつるし上げの違い　109

20　コーディネーターは人をつなぐ　149

本書のごあんない

本書の構造

「はじめに」は，学校で苦戦しているすべての子どもや先生や保護者のみなさんへのメッセージです。そして1章と2章では，「**チーム援助の考え方編**」として，学校心理学について紹介しながら，チーム援助の考え方を述べます。

次の3章，4章，5章は「**援助シートの書き方編**」です。3種類の援助シートの書き方について具体的に説明します。初めての方も，すぐに使うことができます。

さらに6章，7章，8章の「**チーム援助の実践編**」では，チーム援助の具体的な方法を説明します。ここではチーム援助実践の知恵と技をたくさん紹介します。まずはひとりでシートを埋めることを出発点として（6章），仲間との横のチーム（7章），引き継ぎを通した縦のチーム（8章）へとつなげていってください。

最後の9章は「**チーム援助の事例編**」です。援助シートを使ったチーム援助の事例を7つ紹介します。脚色した事例ですが，十分に参考になると思います。

本書は，必ずしも1章から読む必要はありません。ご自分の役に立つところからお読みください。ただし，学校心理学の理論も学習したいという人は，ぜひ1章からお読みください。

すぐに援助シートを使いたい人は，3章からお読みください。
わが子や知人の子どものために援助シートを使いたい人は，5・6章からお読みください。

本書の利用の仕方

本書は，次のような方にぜひお読みいただきたいと願っています。

①先生が自分の心理教育的援助サービスを整理し，チーム援助を行うために。

②スクールカウンセラーなどの相談員が，先生や保護者と連携して子どもの学校生活に関するチーム援助を行うために。

③保護者が自分の子どもへのかかわりを整理するときや，先生やスクールカウンセラーらとの援助チームで話し合いに参加するときの参考に。

④学校経営や教育行政に携わる人が，チーム援助や，学校・家庭・地域の連携のシステムの整備について検討するときの参考に。

⑤教師やスクールカウンセラーをめざす大学生・大学院生が，「学校心理学」の実践を学ぶ授業の教科書や参考書として。

⑥学校教育やスクールカウンセリングに関心をもつ人が，チーム援助について検討する参考に。

⑦医療，福祉，産業などの領域におけるカウンセリングの実践や研究を行う人が，チーム援助のシステムや方法を検討する参考に。

チーム援助の考え方編

1章 苦戦している子どもをどう援助するか
学校心理学の援助の方針を説明します

2章 援助シートとチーム援助
援助チームシート・援助資源チェックシートとはどんなものか，またチーム援助とは何かについて紹介します

援助シートの書き方編

3章 援助チームシートを書こう
立派なことを書かなくていいよ
援助チームシートの書き方を具体的に説明します

4章 援助資源チェックシートを書こう
サポーターを探そう！
援助資源チェックシートの書き方を具体的に説明します

5章 アンケートシートを利用しよう
子どもの声を聞こう！親の声を聞こう！
子どもや保護者が自分を理解するためまた保護者が子どもを理解するためのシートを紹介します

チーム援助の実践編

6章 援助シートを利用して自分で始めよう
まずは自分1人でシートを活用する方法について説明します。保護者が活用する方法も説明します

7章 援助シートを利用してチームで始めよう
苦戦している子どもをチームで援助していく方法。またチームでのシート活用法について紹介します

8章 援助シートを利用して仲間につなげよう
援助者同士がつながる意義について述べます。また引継ぎでのシート活用法についても述べます

チーム援助の事例編

9章 援助シートを使った事例
チーム援助の方法に焦点を当てて事例を紹介します。援助シートの記入例も掲載します

第1章 苦戦している子どもをどう援助するか

本章の位置

　子どもたちは毎日の生活を通して成長しています。
　そして子どもは，学校生活のなかで成長すると同時になんらかの苦戦をしています。どんな子どもも，学校生活のある時期において，いつも以上の援助を必要とするときがあります。
　そこで，援助者である私たちは，子どもが苦戦しているときに，どう援助していくかについて考えていきましょう。
　この「学校生活」というのは，広い意味で受けとめてください。もし子どもが学校ではなく，適応指導教室やフリースクールで教育や援助を受けているときは，それらの場所での生活を学校生活と考えましょう。子どもがおもに家庭で過ごしているときは，子どもが成長するために，家庭が大きな教育機能を果たしていると言えます。
　苦戦している子どもたちへの援助の基本は，子どもの強いところと援助者の力を最大限に活用することです。つまり，その子どもの強いところをさらに伸ばし，周りにあって役立ちそうなものを，発見して生かしていこうということです。
　子どもが苦戦している時，私たちは「原因はなんだろう」「悪いところを直そう」と考えます。しかし，それは結果的に，子どもの気になるところをいつも注意することになり，子どもの自己肯定感を低くしてしまいます。しかし，子どものいいところ，強いところ（自助資源）を私たちが一生懸命に見つけて伝えていくと，子どもは自己肯定感を高めることができます。表情が明るくなり，いろいろなことに取り組もうという意欲も出てきます。
　また，私たちが意識的に子どもの成長のための援助資源となり，それらの多くの援助資源を活用していこうとすることも，たいへん大切なことです。苦戦している子どもの援助をしていると

きは，私たち援助者も苦戦します。そして，子どもの援助者として自信を失いがちです。しかし，そんなときこそ，援助者としての自分のいいところ，強いところを確認し，再発見するのです。そして，子どもの周りにいる多くの援助者を発見し，子どもを援助するチームをつくるのです。

　第1章では，学校心理学の紹介を通して，子どもを援助する基本的な考え方を述べます。

コラム1　寅さんに学ぶ「援助資源なりふりかまわず活用型」

　援助者としてたいへん参考になるのが，山田洋次監督の映画『男はつらいよ』のフーテンの寅さんです。寅さんは援助者として本当に有能だと思います。何がうまいかというと，周りを巻き込むことがうまいと思います。だれかほうっておけない人を見つけては助けていくのですが，寅さんは自分一人でサポートしようと思ってはいないようです。故郷である柴又の人たちが，いつも文句を言いながら寅さんに巻き込まれていきます。

　でも最後には，だれも寅さんには腹を立てません。それは寅さんが自分のためではなく，相手のために必死になってやっていることがわかりやすく伝わるからです。そして，寅さんには「自分が援助している」という気持ちはなく，「困っている相手が，少しでも幸せになればいい」という気持ちでいるからだと思います。

　私たちも子どもを援助するとき，なりふりかまわず周りの人にお願いして，結果的に周りの人を巻き込んで，最終的には子どもが得をするということがよくありますね。私たちは「まじめな凡人」ですから，「自分がもっとしっかりして，こんなに周りの援助を受けるべきではなかった」と反省するかもしれません。しかし寅さんだったら，「あなたが反省するのは勝手だが，相手が喜んでくれたらそれでいいんじゃないの」と言うでしょう。なりふりかまわず援助資源を活用する「助けられ上手」の寅さんは，「助け上手」だと私は思います。

1 苦戦している子どもをどう援助するか

1 学校心理学とは

　「学校心理学」は、学校で苦戦している子どもをどう援助するかについての基本的な考え方を整理するときに、とても有用な学問です。そこで、初めに紹介したいと思います。

　「学校心理学」において、「学校」とは学校教育をさしています。そして「心理学」とは、子ども一人ひとりに焦点を当てた心理学的な援助という意味です。つまり、学校心理学とは、「学校教育において、一人ひとりの子どもが学校生活で出合う問題状況の解決を援助し、子どもの成長を促進する援助サービス」を支える学問体系です。学校心理学の中核となる援助サービスは、教育として行われることを強調して「心理教育的援助サービス」と呼ばれます。

　「学校心理学」は日本では新しい学問体系ですが、不登校、いじめ、障害などに関連する子どもの学校生活での苦戦を援助する枠組みとして、注目されています。詳しくは、『学校心理学－教師・スクールカウンセラー・保護者のチームによる心理教育的援助サービス－』（石隈利紀、誠信書房）をぜひご覧ください。ここでは簡単に学校心理学の特徴を示します。

①学校生活でのトータルな援助をめざします。

　今日、子どもの心のケアが注目されていますが、子どもの心のケアは、学習面、心理・社会面（自分とのつき合いと人とのつき合い）、進路面（生き方・あり方）、健康面などの面から、「学校生活のサポート」として考えることができます。子どもの学校生活が充実し、子どもが学校生活を通して成長するのを援助します（詳しくは第2章P.26参照）。

②三段階の心理教育的援助サービスがあります（図1参照）。

　学校心理学では、子どもに対する援助を、不登校、いじめなどの問題で分類するのではなく、子どもが求める援助の程度に応じて三段階に整理します。

　一次的援助サービスは、「すべての子ども」の援助ニーズに応じるものです。入学時の学校生活への適応や、友達をつくるスキルの開発など、学級や学年の子どもが共通してもつ援助ニーズに応じるために、入学後のていねいなガイダンスや、学級での構成的グループエンカウンター（例えば國分、1997）などを行います。一次的援助サービスは、担任の先生らによる日頃の教育活動であり、開発的・予防的な活動です。

　二次的援助サービスは、配慮を要する「一部の子ども」の援助ニーズに応じて、一次的援助サービスに加えられ

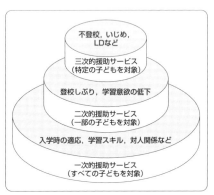

図1　三段階の心理教育的援助サービス
(学会連合資格「学校心理士」認定運営機構学校心理士認定委員会、2002より)

る援助です。例えば，登校しぶりが始まった子どもや友達関係でつらい出来事が起きた子どもに対する「早期の危機対応」や，転校生など問題を抱えやすい子どもに対する「予防的な配慮」のために，学級環境の調整（例：席決めや班決め）や声かけなどを行います。二次的援助サービスは，子どもの苦戦が大きくなって，子どもの発達を妨害することを予防することをめざします。

　三次的援助サービスは，特別に個別の援助を必要とする「特定の子ども」に対する援助サービスです。長期欠席中の子どもや障害のある子どもに対して，個別の教育計画に基づいた援助を行います。三次的援助サービスは，一次的・二次的援助サービスも含まれた総合的な援助です。

③子どもの自助資源と援助資源を最大限に活用します。

　子どもが問題状況を解決し，成長していくための鍵は，①子ども自身のもつ資源と，②子どもの周りの環境のもつ資源を活用することです。資源とは，英語で "resource"（リソース）と言い，力，物資，資産，という意味のほかに，趣味や娯楽という意味があります。

　子ども自身がもっている資源には，子ども自身の力，得意なこと，興味，関心，特技，あるいは身体のこと，性格などがあります。そのなかでも，自分の問題解決に役立つものを「自助資源」（自分で自分を助ける資源）と言います。いっぽう，子どもの周りにあって，子どもの問題解決に役立つものは，「援助資源」と言います。援助資源には，学級担任や保護者などの人的資源や公園やおもちゃなどの物的資源が含まれます。

④チームで子どもの援助を行います。

　「カウンセリング」というと，カウンセラーと相談者（クライエント）が1対1で話し合うというイメージがあります。苦戦している子どもに対しても，個別に相談にのることは，大切な援助だと思います。でも子どもは，授業，部活動，遊ぶ時間，行事など，学校のさまざまな場面でも援助を受けています。また子どもの援助者も，担任の先生，教科の先生，部活の先生，養護教諭など多様です。もちろん保護者は，子どものもっとも重要な援助者ですし，地域には，相談機関の相談員や病院の先生など多様な援助者がいます。したがって学校心理学では，さまざまな大人が「チーム」で子どもの成長を援助するととらえます。

⑤子どもの問題状況についての情報収集とそのまとめを重視します。

　子どもへの援助の方法について判断するためには，苦戦についての情報を集め，まとめることが必要です。学校心理学では，「子どもの状況について情報を収集し，まとめ，意味づけすることにより，子どもへの援助サービスに関する判断の基盤となる資料を作成するプロセス」を，心理教育的アセスメントと呼びます。

　子どもにかかわる援助者が協力してアセスメントを行い，子どもについての情報や援助の方針を共有することが大切です。

1　苦戦している子どもをどう援助するか

2 子どもの強いところを生かそう

子どもの個性と自助資源

　私たち援助者が，その子どもの得意なことや好きなことを知っていると，子どもを援助する糸口が見つかります。つまり，その子どものなかでの得意なことや好きなことのなかに，その子ども自身の問題状況を解決し，成長する自助資源が見つかりやすいのです。自助資源は周りの大人が見つけるだけでなく，子どもが自分で自分の自助資源に気づき，伸ばしていけるよう援助していくことが重要です。

　例えば，ものをはっきり言う子どもは「自己主張が強い」という自助資源をもっていると言えます。でもそれが，友達にとっては「言い方がきつい」と感じられているかもしれません。子どもの長所と短所は，表と裏です。子どもが友達との関係で苦戦しているときは，自己主張というその子どもの自助資源は，上手に生かされていないのかもしれません。

　この場合，「子どものきついところを直そう」という発想で援助するより，「上手に自己主張できるように」（つまり自助資源を活用するように）という発想で援助するとよいと思います。

　また，子どもが悩んでいるとき，私たちは子どもの心理・社会面に目がいきがちですが，学習面や進路面での悩みの解決が鍵を握ることもありますし，健康面でSOSを出していることも多いものです。そこで，学校生活のさまざまな側面から子どもを援助する視点をもつことが大切です。

　例えば子どもの「強い学習スタイル（学習の仕方）」「得意な科目」「得意なストレス対処法」などを見つけると，援助にとてもつながりやすいと言えます。このとき，ほかの子どもと比べるのではなく，その子どものなかで強いところを見つけることが大切です。つまり，他者と比較した特徴（個人間差）ではなく，その子どものなかでの特徴（個人内差）に目を向けるようにします。

　とくに，学習と友達関係は，子どもにとって学校生活の大きな部分を占めますので，これらについて，以下に述べていきたいと思います。

子どもの得意な学習スタイルを見つけよう

　一人ひとりの子どもは，その子どもなりに得意な「学習スタイル」（やりやすい勉強の方法）をもっています。これは学習における，大きな自助資源です。その子どもの学習スタイルを発見すると，子どもの学習面での苦戦を解決する糸口になります。

以下に，子どもの学習スタイルを理解するための3つのポイントを紹介します。

①言語型か操作型か

「言葉」で表現したり理解したりするのが得意な子どもがいます。そのような「言語型」の子どもは，言葉でのやりとりが，自分を表現したり，学習したりするときの重要な方法になります。

いっぽう，言葉以外の方法，すなわち「非言語的な情報処理」が得意な子どももいます。例えば，おはじきや積み木を実際に操作することが得意な子どもです。「操作型」の子どもと接するときには，言葉に頼り過ぎないで，絵や図などの具体的なものを使うようにすると学習が進みます。

②聴覚型か視覚型か

「耳で聞く学習（聴覚型）」と「目で見る学習（視覚型）」の得意・不得意があります。

例えば，目で見る学習が得意で，耳で聞く学習が苦手な小学生は，先生が宿題を板書せず口頭で伝えるようになると，忘れ物が急に増えることがあります。でも，先生が再び黒板に書くようになるとOKになります。

いっぽう，耳で聞く学習が得意な小学生の場合は，黒板に書いたものを写させるだけでなく，読んで聞かせるようにすると覚えやすくなります。

③継次処理か同時処理か

情報を処理するスタイルにも種類があります。情報を一つずつ順番に処理していく方式は「継次処理」と言います。そして，情報を空間的に全体としてまとめて処理する方式を「同時処理」と言います。例えば，漢字を書き順に従って一画ずつ書いて覚えるのは，継次処理です。いっぽう，漢字を一つの絵ととらえて，だいたいの形で覚えるのは，同時処理です。また，九九を順番に言っていくのが得意な子どもは継次処理型で，九九表から九九のパターンを全体的に把握するのが得意な子どもは同時処理型です。

大人にも継次処理と同時処理の得意・不得意はありますが，大人はそれなりに双方の処理を使っているのに比べ，子どもはよりはっきりした傾向をもつことが多いのです。

以上，学習スタイルのポイントを3つあげましたが，大人は自分の得意な学習スタイルで教えていることが多いものです。多くの子どもにかかわるなかで，教師が自分の得意な学習スタイルにマッチする子どもに教えると，その子どもの成長が目に見えてよくなることがあります。その結果，自分の教え方はどんな子どもにでもうまくいくはずだと思ってしまいがちです。一人ひとりの子どもの得意な学習スタイルを発見して，子どもの学習スタイルと教え方の折り合いをつけるよう，気をつけることが大切です。

子どもの学習スタイルを発見するには，子どもの学習をよく観察することです。より詳細に知るためには，個別の知能検査も役に立ちます（P.16コラム2参照）。

1 苦戦している子どもをどう援助するか

コラム 2 学習スタイルを把握する検査

　子どもの学習スタイルを把握するうえで，WISC-ⅢやWISC-Ⅳ，またK-ABCやKABC-Ⅱなどの個別知能検査がとても役に立ちます（石隈，1999）。

　本書の事例で多く使われている日本版WISC-Ⅲは，5歳から16歳の子どもを対象とした知能検査で，1998年に標準化されました。WISC-Ⅲでは，知能は「個人を取り巻く外界を理解し，処理する能力の総体」と定義されます。13の下位検査があり，言語性尺度（言語での質問に言語で答える課題）と動作性尺度（カードや積み木など具体的なものを操作して答える非言語的な課題）に分けられています。その後，2010年に日本版WISC-Ⅳが刊行され，現在はこちらがおもに使われています。WISC-Ⅳでは，10の基本検査から，全検査IQと4つの指標得点（言語理解，知覚推理，ワーキングメモリー，処理速度）を算出します。

　日本版K-ABCは，2歳6か月から12歳11か月までの子どもを対象とした知能検査で，1993年に標準化されました。K-ABCのおもな特徴は，①知能（情報を認知的に処理して新しい問題を解決する能力）と，習得度（数やことばの知識と読みの能力）を分けて測定すること，②知能を「継次処理―同時処理」の情報処理のプロセスで測定することです。こちらも，2013年に日本版KABC-Ⅱが刊行され，現在はKABC-Ⅱが使われています。KABC-Ⅱでは，習得尺度が拡大され，「語彙」「読み」「書き」「算数」の尺度からなります。

　どちらの検査も，結果のプロフィール（特徴）を分析することにより，子どもの知的発達の特徴や学習スタイルがわかります。とくに，WISC-ⅢやWISC-Ⅳは「言語型―操作型」「聴覚型―視覚型」の把握に，K-ABCやKABC-Ⅱは「継次処理―同時処理」の把握に便利です。

コラム 3 子どもと環境の折り合いとは

　田上（1999）は，行動論の立場から「子どもと環境の折り合い」という考え方を提唱しています。子どもと環境の折り合いの状況は，①子どもが楽しい時間を過ごしているか，②人間関係をもっているか，③意味のある行動ができているか，から理解できます。

　そして，子どもの苦戦を理解し援助するのには，「子どもの学習スタイルと教師の教授スタイル（教え方）」「子どもの行動スタイルと学級で要請されている行動」（近藤，1994）の折り合いについてアセスメントを行うと，役立ちます。

　以下のケースは，子どものスタイルと先生のスタイルとの折り合いが悪いために苦戦している例です。

①小学5年生のヒトミは「読書好きで運動が苦手」

　　ヤマダ先生は「子どもたちが活動的に育つことを願い，昼休みに全員をドッジボールに誘う」

②小学2年生のダイサクは「漢字を部分と全体から理解することが得意で，書き順が苦手」

　　サトウ先生は「書道が得意で，書き順を重視した漢字指導をする」

子どもの得意な行動スタイルを見つけよう

　一人ひとりの子どもは，一人のときの時間の過ごし方，友達とのつき合い方，先生や大人との
つき合い方，集団とのつき合い方など，それぞれの行動の仕方をもっています。またストレス対
処の方法や，援助を求める方法などの問題解決の仕方も百人百様です。これらをまとめて，行動
スタイルと言います。

　子どもが苦戦しているときには，子どもの行動スタイルと，学校で求められる行動の折り合い
が，うまくついていないことが多いものです。子どもの行動スタイルを尊重することで，子ども
が自分らしく行動し，問題を解決する力を復活させることができます。

　ここでは鍵となる行動スタイルとして，友達とのつき合い方と，ストレス対処の方法について
述べます。

①友達とのつき合い方

　友達はたくさんいるほうがいいと言われます。「世界中の人と仲よくなりなさい」とまで言わ
れます。たしかに人とつき合う力（スキル）を高めることは大切ですが，だれとでも仲よくなろ
うとするのは現実的ではありません。子どもにも大人にも，自分なりに心地よい人とのつき合い
方があります。その子どもなりのつき合い方を見つけることが大切です。

　例えば，新しい友達をつくるのが得意だけれども，飽きっぽい子どもがいます。そのような子
どもには，友達づき合いを長くできるよう援助しながらも，その子どものもっている「友達を新
たにつくる力」は自助資源として生かしたいものです。また，恥ずかしがり屋で口数は少ないけ
ど，手紙やメールでは気持ちを表現しやすい子どももいます。メールに頼りすぎるのは心配です
が，メールはその子どもにとって大切な人間関係の道具ということになります。メールを禁止す
るよりも，メールでのつき合い方（マナーや気をつけるところなど）を教えると援助的です。

②ストレス対処の方法

　一人でボーっとしていると落ちつく，友達に電話しておしゃべりする，好きな物を食べるなど，
ストレス対処の方法もいろいろです。その子どもの場合は，「どんなときが落ち着くのか」「どん
なことをすると元気が回復するのか」を見つけてあげて，子どもがストレスに対処できるように
援助しましょう。子どものストレス対処法は成長しながら変化していきますが，変わらず力を発
揮するものもあります。

　子ども自身が「私はこうすればストレスが減るのだ」と，自覚できるようになると得です。子
どもがストレスをためていて，何かをやって元気になったときには，見ていた援助者が「それは
元気になるのにいい方法だね」と言語化してあげると，子どもは気がつきやすいものです。

1 苦戦している子どもをどう援助するか

3 援助者の力を生かそう

　子どもが苦戦しているときは，その子どもを援助している先生，保護者，スクールカウンセラーも苦戦しがちです。しかし，子どもの周りには多様な援助者がいます。それぞれの援助者がそれぞれの個性を生かして，自分らしく援助をしていくことができれば大きな力となります。

　援助者の個性とは，他者と比べたり，自分自身のなかで比べたりした時の，得意な能力，特技，趣味などのことです。これらの自分らしさは，そのまま子どもを援助する力となるのです。また，それぞれの援助者の立場も力になります。これらをおおいに役立てましょう。

　大切なことは，私たちの力や立場を，子どもの援助のためにどう活用するかです。それぞれの援助者は，自分ならではの，自分式の，自分の立場を生かした援助をめざしたいものです。

援助者の能力

　それぞれの援助者が自分自身の能力について知り，また仲間の能力を互いに知り合うことは，チームを組んで子どもの援助にあたるときたいへん有力です。それぞれが自分の力を最大限に活用できるよう，自分がもっている援助資源に気づいておきましょう。子どもの援助で苦戦しているときは，自分自身を振り返り，再発見し，また潜在的な能力を伸ばす機会でもあるのです。

　先生の場合，大学の教職課程や教育実習，これまでの教職経験や教職研修などから獲得し，活用してきた能力はどのようなものでしょうか。以前に，不登校などで苦戦している子どもの援助で活用した能力はなんだったでしょうか。また，特別支援教育（障害児教育）を経験した先生，海外の日本人学校を経験した先生，文章を書くのが得意な先生，会議の司会が上手な先生など，学校にはさまざまな能力をもった先生がいます。あなたの特徴はどんなことでしょうか。

　例えば，小学校のスズキ先生は，中学校理科の免許があり，教科としては理科が専門です。理科の実験の準備はとても楽しい時間です。ここ数年は熱心にコンピュータ教育に取り組んでおり，インターネットを使った総合的な学習が得意です。また，教育相談の研修は，市主催のものと県主催のものを初級から中級まで受けています。とくに構成的グループエンカウンターを取り入れた学級活動を実践しています。さらにスズキ先生は，LD（学習障害）のある子どもの援助に関心があり，勉強を始めたばかりです。このようなスズキ先生の特徴を表すキーワードには，「理科」「コンピュータ・インターネット」「総合的な学習」「教育相談」「LD（学習障害）への関心」などがあげられます。スズキ先生の場合を参考に，あなた自身の特徴を表すキーワードを発見してみてください。

また，本書を読んでくださっている方のなかには，保護者も多いと思います。保護者が子どもを支える能力にも，すごいものがあります。保護者自身の能力で，苦戦する子どもの援助に使えるものは何でしょうか。

例えば，自動車を運転する（子どもの送り迎えやドライブができます），子どもに勉強や運動を教える，保護者間で話し合う，コンピュータを使う，本の読み聞かせをする，子どもの話を聞く，ピアノを弾く，絵をかく，工作するなど，さまざまな能力があります。

援助者の趣味や特技

援助者は，職業としての専門性や能力だけではなく，自分の特技や趣味など，人生を楽しむチャンネルも子どもの援助に活用できます。これには二つの意味があります。

一つは，それらの趣味や特技を使って，子どもと一緒に楽しむことができます。子どもが悩んでいるときでも，一緒に遊ぶと緊張がとけますから，子どもが悩みを話しやすくなります。

もう一つの意味は，自分の趣味や楽しみを維持することで，自分自身を活性化し，子どもを援助するエネルギーを保つことです。子どもの援助で苦戦しているときは，援助者自身も楽しむ時間が少なくなり，自分のエネルギーが低下してしまう傾向があるからです。

みなさんは，どんなことで楽しんでいますか？　読書，映画，TV，音楽，おいしいものを食べる，カラオケ，釣り……。好きなスポーツは何ですか？　テニス，野球，あるいはウォーキングでしょうか。囲碁・将棋もいいですね。人生には楽しいことがたくさんあることを，子どもにも知らせたいものです。

援助者の立場

援助者と子どもの関係，つまり子どもに対する援助者の立場も，子どもに対して援助的に活用することができます。援助者の立場には3種類あります。これは，次ページに詳しく説明します。

今日のように「カウンセリング」が注目され，カウンセリングの研修会や講座が増えてくると，「だれもが，どこでも，カウンセリング」という風潮があります。しかし，カウンセリングはオールマイティではありません。それぞれの立場ならではの援助を行うことが大切です。

子どもが，さまざまな援助者のなかから，使いやすい人を，自分で選択して組み合わせることができるようになるといいと思います。

では，以下に援助者の立場について説明します。

19

1 苦戦している子どもをどう援助するか

①職業的な援助者

　職業的な援助者の代表は，先生とスクールカウンセラーです。学校心理学では，教師を「複合的な援助者（ヘルパー）」と呼びます。教師は，教科の指導など，複数の役割に関連させながら，その一つの側面として子どもを援助するからです。そして，スクールカウンセラーなどは「専門的な援助者（ヘルパー）」と呼びます。この２つは，どちらも「職業的な援助者」と言えます。

　まず先生が，学校で，教師という立場を生かして，どんな援助ができるかを考えてみましょう。

　担任の場合は，学級という子どもの生活の場を，子どもと一緒につくっていく立場にあります。苦戦している子どもに配慮した授業を行うこともできますし，班構成や席替えを通して子どもへの配慮ができます。つまり，教育環境を道具的に活用できます。また，学級担任や教科担任は，子どもの学習面や生活面で，「君の作文は面白いね」とか「あいさつしてくれてありがとう」などの評価的なサポート（フィードバック）ができます。学習で苦戦している子どもに対してテストを工夫することもできます。苦戦している子どもにとって，学校生活での自信や意欲の回復は重大な課題ですから，子どもの活動を評価する立場をおおいに活用するといいと思います。

　また校長先生や教頭先生が，学校を子どもの成長にとってよりよい教育環境にするという点で，子どもの援助に関して影響力の大きい立場にいる援助者であるのは言うまでもありません。

　いっぽう，スクールカウンセラーは，子どもにとって，横の関係をもちやすい立場にあります。そのため，子どもが自分の内面を開示できる「安全な場所と時間」を提供する援助者になれます。また子どもが心に深い傷をもっている場合，専門的な知識を生かして援助することもあります。

　現在のところ，スクールカウンセラーの配置されている学校でも，その勤務は週に１回程度であり，子どもに直接会う機会は限られています。そのような場合，先生や保護者の相談相手（コンサルタント）になるという立場や，子どもをめぐる援助チームの一員という立場を通して，子どもを間接的に援助することが重要です。

②役割的な援助者

　保護者は，子どもが社会の一員となるように育てる役割と同時に，子どもが苦戦しているときに援助する役割をもっています。つまり，保護者は親の役割の一つとして子どもを援助するので，「役割的な援助者（ヘルパー）」と言えます。

　保護者には，保護者だからできること，保護者にしかできないことがたくさんあります。それを生かしましょう。例えば，子どもをいちばん近くで見ている援助者として，子どもの様子が何か変だという危機のサインを発見できるのは保護者です。子どもがグチを言えるのは，保護者と子どもがよい関係だという証拠です。また子どもが疲れたとき，一緒に子どもの側にいて，おいしいものを食べさせたり，ときには荒れた気持ちを受け入れたりして心と体を休めるようにするのも保護者の役割です。翌日の学校のことを子どもと話すなかで，子どもの不安が言葉になり，

不安が減少することもあります。子どもの進学のためのお金を工面するのも保護者ですね。

　保護者は、「自分の子どもの専門家」です。子どもの成長についてよく知っています。この子どもについての情報は、子どもを取りまく援助者がチームを組んで援助するときにも、きわめて有力な情報になります。

③ボランティア的な援助者

　職業でも家族などでもなく、援助的な関係をもつ人が「ボランティア的な援助者（ヘルパー）」です。その代表は友人です。「学習支援ボランティア」などのいわゆるボランティアもそうです。

　保護者でも先生でもない、地域のお兄さん・お姉さん、おじさん・おばさんは、子どもにとって斜め上の関係がもてる重要な存在です。そして、子どもがあこがれているのは「先輩」です。

　これらの人々は、子どもたちの先輩としていろいろな話をすることができます。また中学校の心の教室相談員は職業的な援助者ですが、このような斜め上の立場での話し相手にもなれます。

　学校生活で苦戦している子どもを、どう援助するか。それは、子どもの苦戦している状況や、子どもの自助資源によりますが、同時に援助者の力や立場にもよるのです。

　子どもの援助はこうあるべきだから、援助者はこうすべきだというのは、現実的に難しいだけでなく、援助者の活用という点からも有効ではありません。子どもの援助に関して、「理想的な人間」というものはありません。私たち大人も、一人ひとり違う個性をもっています。その人らしい援助の方法があるのです。

コラム 4　休養のすすめ

　さまざまな立場の援助者を紹介しましたが、病院も重要な機関です。では、病院の立場を生かした援助とは、どのようなことを言うのでしょうか。

　例えば、学校生活で苦戦している子どもが、頭が痛い、熱があるなど、心身の調子を崩して病院に行くとします。そして検査をした結果、大きな病気がないことがわかったとします。この場合の、結果の使い方が重要です。病院で「よかったね。大きな病気はないよ。安心して休むといいね」と伝えてもらえると援助的です。医療機関から「休養のすすめ」をもらうことは、子どもや保護者にとって大きな意味があります。ところが、「とくに病気はありません。気持ちの問題ではないですか」と言われることがあります。そうすると、子どもや家族は休養する許可をもらえなかったばかりか、「怠けているのではないですか。しっかりしなさい」と言われたような気持ちになります。

　つまり、医療機関や相談機関は、子どもに休養の許可をどれくらい与えるかという権力をもつ立場にもなるのです。「権力」は、子どもにとって援助的に活用したいものです。

1 苦戦している子どもをどう援助するか

4 お互いに助けられ上手になろう
～助け上手は助けられ上手～

　苦戦している子どもへの援助の基本は，その子ども自身やその子どもの周りにある資源を活用することです。著者らが子どもの援助にあたるときにも，そのたびに子どもの周りにはさまざまな援助資源があることに驚かされます。しかし，それらの豊かな援助資源がいつも活用されているというわけではありません。なぜでしょうか。

　学校の組織は「疎結合システム」という特徴をもっています（淵上，1995）。疎結合とは，お互いに働きかければそれに応えるが，通常は個々の独自性と分離性が保たれている状況のことです。学校では，それぞれの先生の学級経営や教科指導に関しては，先生の専門的能力に基づいた独自性が尊重されています。疎結合という状況は，このように学校教育の専門家としての先生の自由や創造性を生かすというメリットがあります。

　いっぽう，ある先生が子どもの援助に苦戦していても，その人が自分から「協力してください」と言わなければ，周りの援助は受けられないということになります。つまり，学校はひとりぽっちになりやすい組織と言えるかもしれません。

　また今日では，地域にも疎結合の傾向があります。地域住民として，同じ地区の子どもたちのために何かするのは当然の役割だという意識は薄くなっているようです。そして，お互いの家庭には干渉しないという雰囲気が強くなっています。

　したがって，子どもの成長のために豊かな援助資源をつないでいくためには，援助者がタイムリーに，他の援助者に協力を求めることが必要です。自分ひとりで頑張ってもうまくいかないとき，他者の援助を求める態度を，「被援助志向性」（水野，2003）と言います。被援助志向性の低い中学校の先生は，燃え尽きやすいという調査結果もあります（田村修一・石隈，2001）。

　たしかに，疎結合という特徴は学校にも地域にもあります。でも言い換えれば，疎結合は「お互いに働きかければそれに応える」という結合です。自分から連携を求めれば，協働できる可能性は大きいと言えます。つまり，援助者も「助けられ上手」になることが重要なのです。

　このように援助者が自ら他の援助者に連携を求めていくと，子どもの援助を「チーム」で行うことができるようになります。このチームは，その子どものことがほうっておけない，保護者，担任，地域の人から成るチームです。そして，さまざまな立場の人が集まったチームだからこそ，それぞれの立場をより生かした援助ができます。子どもを援助するチームは，「全員一丸となって」「自分をおさえてチームのために」というような，個をおさえて全体に奉じるものとは異なります。

　では，私たちが「助けられ上手」になるのを妨害しているビリーフ（もののとらえ方，考え方，信念）を，チーム援助の実践と，被援助志向性に関する研究成果を参考にして，点検してみまし

ょう（石隈・伊藤，2001）。代表的なものを次にあげてみます。

①私は専門家（プロ）なのだから，できるだけ人の援助は受けるべきではない

　専門家としての意識が「自分だけの力で」というビリーフ（もののとらえ方）に結びつくとき，他の人に頼ることを恥とする危険性があります。すると，子どもの援助や学級経営などで苦戦していても，同僚や他の専門家に援助を求めることに対して抵抗が強くなります。

　人を援助することを仕事としている私たちは，「私は援助する人である」というアイデンティティが強く，援助を受けることが苦手になる可能性があります。でも，助けられ上手にならないと，損しませんか？　自分も，そして子どもも！

②学級の子どもには私が全責任をもつべきである

　「私が全責任をもつ」というビリーフ（もののとらえ方）が強すぎると，学級の子どもの援助に苦戦していても，「困っている」と言い出しにくくなります。

　例えば，ある小学校5年生の学級で，子どもたちと担任の先生との関係がうまくいかず，授業が成立しなくなってきました。いわゆる「学級崩壊」に近い状況です。同僚の先生や保護者までもが，「先生，大丈夫ですか」と声をかけましたが，担任が「大丈夫です。私の学級は私にまかせてください」と頑張るので，他の先生が協力できず，状況はますます悪くなっていってしまいました。

　お互いの独自性を尊重する「疎結合システム」という教員組織の特徴と，自分の学級に対する担任の強いビリーフが，他の援助資源の活用を妨害していたのではないかと思います。

③私がいないと子どもの人生はダメになる

　「このビリーフは要注意！」と私たちは自分にも言い聞かせますし，カウンセラーの卵にも言います。私たちカウンセラーは，人生の大変な問題を抱えている方のサポーターになることがあります。そしてその人の悩みが軽くなっていくと，カウンセラーとして大きな満足感をもつことができ，すごくうれしくなります。まして「先生だから話せるのです」「先生に会えなければ，私の人生はどうなっていたかわかりません」と言われると，カウンセラー冥利につきます。その時に抱きやすくて危ないビリーフが，「私がこの人の人生を握っている」「私がいないとこの人（この子）はダメになる」なのです。このようなビリーフは，カウンセラーだけでなく，先生や保護者にもあることと思います。

　このようなビリーフは，たまに顔を出す分には満足感を得られます。でもそれが強すぎると，相手がほかの援助者に援助を求めることを快く受け入れられなかったり，自分ひとりの力で支えきれなくなった時に，他の援助者に助けを求めることができにくくなります。

第2章 援助シートとチーム援助

第1章では，学校心理学の紹介と，苦戦している子どもへの援助の基本的な考え方について述べました。

第2章では，苦戦している子どもの援助を促進するためのシートを2つ紹介します。シートは，先生や保護者が自分ひとりで記入することもできますし，他の援助者と協力して記入することもできるようになっています。

苦戦している子どもへの援助を，他の援助者と協力して行うことを「チーム援助」と言います。本章で紹介する2つのシートは，苦戦している子どもについて，チームで話し合ったことを整理し，記録するのにも使える道具です。

子どもの援助についての話し合いでは，「チームで話し合えてよかった」とか「よい話し合いだった」などの，感動が生まれることがあります。このような感動は，私たち援助者にとって「次も頑張ろう」というエネルギー源です。でも，感動は時間とともに薄れていきます。話し合ったという事実だけではなく，話し合いで共有した子どもについての情報，援助方針，援助案，援助資源について，整理してまとめておくことも大切なことです。そのためにも，ぜひこれらのシートを活用してもらいたいと思います。感動よりも記録，あるいは感動だけでなく記録も，ということでしょうか。

チーム援助についても，本章の後半でふれたいと思います。

1 2つの援助シート

　本章で紹介する2つのシートの名前は，「援助チームシート」と「援助資源チェックシート」
です。「援助チームシート」は，その子どもについての情報を整理し，それをもとに援助方針や
援助案を立てるためのシートです。いっぽう「援助資源チェックシート」は，その子どもの周り
にいて，子どもの問題解決を助けてくれそうな人物を発見して記入するためのシートです。つま
り，この2つのシートへ記入することで，苦戦している子への援助が自然にできるように工夫さ
れています。これらのシートをパソコンで記入するためのソフトを，本書のホームページからダ
ウンロードすることもできます（P.28参照）。

　「援助チームシート」は，子どもの援助をめぐるチームで使うことを目的で考案されたのでこ
のような名前がついていますが，どちらのシートも先生が自分ひとりで記入することができます。
また，保護者が自分で記入することもできます。

　詳しい使い方については第3章以下に紹介しますので，ここではねらいと概要をつかんでいた
だければと思います。次に，それぞれのシートについて説明します。

援助チームシート

　援助チームシートは，子どもについての情報をまとめ，援助の方針を立て，援助案を作成する
ためのものです。実際のシートと記入の手順については，P.32からをご覧ください。

（1）苦戦していることを確認する

　私たちが子どもを援助するのは，子どもが学校生活で苦戦しているからです。さらに，苦戦し
ているのは子どもだけではなく，先生かもしれませんし，保護者かもしれません。そこでまず，
「苦戦していること」は何かをこのシートで確認します。

　著者らが子どもの援助にかかわるときは，「不適応の児童生徒を援助する」という姿勢では臨
みません。子どもが学校生活で苦戦しているのは，子どもと環境の折り合いがうまくいっていな
い（田上，1999）からだと考えます（P.16コラム3参照）。したがって，子どもと環境の折り合い
がよくなり，子どもの学校生活が充実することを援助の目標とします。つまり，援助の焦点は子
ども自身ではなく，子どもの苦戦している状況なのです。シートを使うことで，まずこのことを
確認することができます。

2 援助シートとチーム援助

(2) 子どもの学校生活をトータルに援助する

　次に大切なことは，子どもの学校生活をトータルに援助することです。学校生活は，おもに①学習面，②心理・社会面，③進路面，④健康面から理解し，援助することができます。これら4つの援助領域は，子どもの学校生活の側面であり，援助チームシートの横軸になっています。

> ①学習面……学習生活：学習の状況，子どもの得意な学習スタイル，学力・成績など。
> ②心理面……自分とのつき合い：子どもの情緒面やストレス対処スタイルなど。
> 　社会面……人とのつき合い：友人，先生，保護者などとの人間関係。
> 　　※心理面と社会面は重なることが大きいので，心理・社会面として一つにまとめている。
> 　　　性格は，心理・社会面に関係している。
> ③進路面……子どもの生き方・あり方：子どもが社会とどうかかわるか。したがって進路面では，子どもの趣味，特技，価値観，そして集団での役割遂行などが重要になる。
> ④健康面……主として身体的な健康：体力や健康状況など。
> 　　※「心の健康」はすべての領域に関係する。

　これら4つの領域は重なり合い，お互いに影響を与え合っています。それでも4つに分けているのは，情報を整理したり，援助の焦点を考える際に便利だからです。

(3) 情報をまとめ，援助方針・援助案を立てる

　援助チームシートの欄を縦に見ていくと，①情報のまとめ→②援助方針→③援助案というように，子どもの援助について考えたり，話し合ったりする流れに沿っています。ですから，シートに記入していくことで，子どもへの援助案も一緒に立てることができます。

①情報のまとめ

　「情報のまとめ」は，(A)(子どもの)いいところ，(B)(子どもの)気になるところ，(C)(子どもに対して)してみたこと，の3つの欄からできています。

　(A)では，子どもが問題解決するのに役立つ自助資源（その子どもの強いところ＝P.13参照）を見つけます。これが(B)の「気になるところ」より先に来ているのは，自助資源が子どもの問題解決の鍵を握っていると考えるからです。また，子どもには自助資源があり，子どもの苦戦は解決できるということを，記入しながら確認することにもなります。援助チームの話し合いにシートを使う場合には，(A)を埋めることで雰囲気が前向きになります。

　子どもや援助者が苦戦しているとき，子どもの気になるところはたくさんあるかもしれません。(B)には，そのなかでもとくに気になることを具体的に書きます。この欄に入る範囲でまとめてみることで，援助が必要なことを整理できます。また，必要な援助について，優先順位の検討を始めることにもなります。

続いて（C）では，これまでに援助活動として「してみたこと」や「していること」を書きます。つまり，子どもの「気になるところ」について，子どもの「いいところ」を使ってかかわってみたことをまとめます。このようにすると，それぞれの援助者が，いま「自分なりにしていること」に気づくことができます。

援助チームで話し合いながら記入した場合には，担任や保護者がそれぞれ工夫していることがわかり，お互いの活動の意味を理解できます。そして，これからの援助活動について考えるきっかけになります。

②援助方針

ここでは，子どもが苦戦していることに関して，この時点でのとりあえずの目標と援助の方針を検討します。さきに記入した「情報のまとめ」は，子どもの状況についての情報を収集して分析する過程であり，アセスメントと呼ばれます。このアセスメントに基づいて，援助方針を立てるわけです。

その際，子どもの発達や行動についての心理学の知識，不登校や障害などについての援助の知識や経験などがあると役立ちます。言い換えれば，援助方針を立てるとき，教育相談担当の先生，養護教諭，特別支援教育（障害児教育）担当の先生，スクールカウンセラーなどが協力してくれると有力です。そのような援助が得られない場合でも，学校教育の専門家である担任と，その子どもの専門家である保護者の協力で，援助方針を立てることができます。

③援助案

ここでは，援助者が自分の個性や持ち味を生かして，どんな援助ができるか，具体的な案を考えます。二人の子どもが同様な状況で苦戦していても，周りにいる援助者のもち味や学校の様子によって援助案は変わってきます。援助案ができたら，それぞれについて，具体的に「何を」「だれが」「いつからいつまで」行うかを整理します。

援助資源チェックシート

次に，「援助資源チェックシート」について紹介します。これは，子どもの周りにいる援助者（援助資源となる人的資源），つまりサポーターを発見して活用するためのシートです。左半分には学校の，右上半分には家庭の，右下半分には地域の援助者を記入します。

シートの地の模様は，「援助チームシート」のところで述べた4つの領域に対応しています。つまり，学習面での援助資源には，教科担任や塾・家庭教師などがいるということを表しています。進路面では学年主任や進路指導担当などが，心理・社会面，健康面にはすべての援助者が関係しています。この援助者と援助領域の関連は，参考にする程度でけっこうです。

2　援助シートとチーム援助

　「援助資源チェックシート」のおもなねらいは2つあります。第一に，援助にかかわる人を何人かリストできることで，この子どもについて，さまざまな人が，それぞれの立場で援助していることが明らかになります。自分ひとりで苦戦していると思っていた援助者が，ほっとします。とくに保護者や担任は，援助資源チェックシートを埋めることで，気持ちが楽になります。

　第二に，このシートに記入することで，子どもの援助に関して，情報交換したり，お願いしたりする相手が見つかります。また子どもを中心として，協力して援助するネットワークが発展していきます。興味深いことに，チームで話し合いながら援助資源チェックシートを作成すると，1回目よりも2回目のほうが，記入できる援助者の数が増えます。ふだんから援助資源チェックシートが援助者の頭の中におかれ，意識されるからだと思います。

シート記入ソフトのダウンロード

　「援助チームシート」「援助資源チェックシート」をパソコンで入力できるWindows用のソフトを，WEBからダウンロードすることができます。日頃，パソコンを利用して管理している先生方や，パソコンを使っている保護者の方にとっては，手書きよりも便利です。

　以下に，インストールの手順を簡単に紹介します。

①本書のサポートページから，「シート記入ソフト（SSPS）」をダウンロードする。

　※図書文化HPへアクセスし，「教育図書」の「サポート情報」からも，本書サポートページへアクセスできます。

　| URL | http://www.toshobunka.co.jp/books/team/team.php |
　| パスワード | smile |

②ファイルを解凍後，「setup.exe」をダブルクリックして，インストールを開始する。

③インストール完了後，デスクトップにできたアイコン ![icon] をダブルクリックして，起動する。

④手順に従って「ユーザー名」「暗号化キー」をセットし，メニューバーの【シート選択】から
　記入したいシートを選ぶ。本ソフトで記入できるシートは次のとおり。

　・援助チームシート　4領域版（自由版）　5領域版

　・援助資源チェックシート

⑤シートの各欄（青い部分）をダブルクリックすると，右のような補助
　入力画面を使用できる。記入例を参考にして入力したり，よく使う言
　葉を自分で登録して入力したりすることができる。

⑥詳しい使い方については，ソフトのヘルプを参照してください。

注：本ソフトは書籍旧版の付録CD-ROMと同一のものです。すべての環境において，また将来にわたり動作の保障をするものではありません。パソコンの機種や構成によって正常に動作しない場合は，別のパソコンでお試しください。

補助入力画面の例

2 チーム援助

　これまでに紹介した2つのシートは，一人で使うことも，ほかの援助者と一緒に使うこともできると述べました。このうち，後者のように，ほかの援助者と一緒にチームを組んで行う援助を「チーム援助」と言います。以下にチーム援助について紹介します。

チーム援助とは

　チーム援助とは，複数の援助者が，共通の目標をもって，役割分担しながら子どもの援助に当たることです。ある子どもに対して，一緒に援助を行う人たちの集まりを「援助チーム」と言います。

　援助チームの代表的なものは，担任，保護者，そしてコーディネーター役となる教育相談担当などで構成される少人数のチームです。このような援助チームを「コア援助チーム」と呼びます。援助の核（コア）となるチーム，という意味です（第7章参照）。

なぜチーム援助が必要か

　筆者らは，苦戦している子どもたちの援助に，これからは意識的にチームで当たることが欠かせないと考えてます。それにふれる前に，まず，自然の援助について説明します。

　子どもは複数の援助者とかかわりながら成長していきます。子どもは成長の過程で起こる問題状況に，自分の力で対処しながら，必要に応じて援助者の力を活用していきます。そして周りにいる援助者も，それぞれの立場で，それぞれの力を活用しながら，子どもにかかわります。これは，いわば自然に援助している状況です。

　援助者のなかで，担任や保護者は，子どもととくに密度の濃いかかわりをもちます。そのため，子どもの成長に対して熱い思いをもつとともに，子どもに対して強い影響力をもつようになります。その結果，子どもに求める行動が，保護者と担任の先生の間で異なっていたような場合，子どものなかには葛藤が生じます。それでも多くの場合，子どもはそれぞれの援助者の要求に柔軟に応じることができます。この状態でも，子どもは自然の援助を活用しているのです。

　しかし，子どもがなんらかの苦戦をしているときには，意識的なチーム援助が必要です。それは，なぜでしょうか。

　第一に，子どもを効果的に援助するには，援助者ひとり（担任の先生や保護者など）のも

29

っている情報だけでは十分ではないからです。

　担任の先生は，授業や特別活動を通して子どもにかかわりながら，子どもを援助しています。子どもが元気なときは，いつものかかわりで十分な援助となります。しかし，子どもが学校生活で苦戦しているときは，先生からの特別の配慮が必要です。そのような配慮を行うとき，ふだんの学級での様子だけでは情報が足りません。他の先生からも情報を集めることが必要です。学校と家庭での子どもの様子は異なりますから，保護者からの情報も貴重です。

　保護者も同様に，子どもが学校生活で苦戦しているときは，父母や祖父母などの家族が，意識的に子どもについて情報交換したり，学校の先生から子どもの学校生活について教えてもらったりして，情報を集める必要があります。

　このように，担任の先生，保護者，他の援助者が意識的に援助チームを組むことで，子どもの情報が集まり，整理されます。子どもの苦戦している状況が理解しやすくなるのです。

　第二に，援助者が一人で行える援助には限りがあるからです。担任の先生は，学級経営や授業や特別活動でのかかわりを通して，子どもに援助できます。保護者は，子どもが家でゆっくりすごせるよう配慮できます。でも，一人の援助者ができることは限られています。

　援助チームで話し合い，子どもへの援助について，学級でできること・学校でできること・家族としてできることの意見を出しあって役割分担すると，子どもに援助できることが増えます。さらに必要に応じて，病院や相談機関，つまり地域の援助資源と協力して「チーム援助」を進めれば，援助できることが膨らみます。

　第三に，援助者がそれぞれ異なる方針で子どもにかかわることは，苦戦している子どもをさらに混乱させる危険性があるからです。例えば，子どもが学校に行くのがつらいとき，保護者は家でゆっくりするように言い，担任の先生は学校に来るように言うとします。すると子どもは，どちらの言うことを聞いていいのかわからずに援助者の間で揺れます。家にいながらもゆったり休養をとることができず，心身の疲れがたまっていくことになります。

　以上のような理由から，子どもが苦戦していて援助ニーズが大きいときは，自然の援助にまかせずに，意識的に「チーム援助」を調整する必要があるのです。

チーム援助の機能

　チーム援助にはたくさんの機能があります。そのなかからおもな機能をあげます。
①複数の援助者が，それぞれの専門性と立場を生かして，子どもを総合的に理解する。
②複数の援助者が，それぞれの専門性と立場を生かして，子どもを効果的に援助する。
③先生が学校で子どもを効果的に援助する案を具体的に提供し，その実践を援助する。

④保護者が家庭で子どもを効果的に援助する案を具体的に提供し，その実践を援助する。

⑤担任や保護者など，中心となる援助者を情緒的に支える。

⑥先生，保護者，スクールカウンセラーなど援助者の援助力を高める。

　2つのシートへの記入は，チーム援助の入り口です。「援助チームシート」と「援助資源チェックシート」を活用して，ぜひチーム援助に取り組みましょう。

コラム5　釣りバカのハマちゃんに学ぶチーム援助

　「ビッグコミック　オリジナル」連載のコミックに『釣りバカ日誌』があります。テレビドラマや映画にもなっています。この主人公の浜崎伝助こと「ハマちゃん」は，どんなに価値観が違う人とも「ためグチのきける友達」になる達人です。ハマちゃんは，釣りをはじめ，人生を楽しむチャンネルをたくさんもっています。ハマちゃんは，いろいろな人と友達になり，一緒に遊びながら，サポートします。

　釣りバカのハマちゃんは，実はチーム援助の達人でもあります。ハマちゃんは，一見ボーっとしているように見えて実は芸が細かいのです。ハマちゃんのコンピュータには，日頃から釣りの仲間のネットワークが整理されています。ハマちゃんは，釣り愛好会のメンバーについて，海釣りが好きか川釣りが好きか，釣り歴は何年か，どんな道具が好きかとかというリストをもっています。釣りを通したコミュニティのネットワークを日頃から管理しているわけです。だれかが困ったとき，ハマちゃんはこのネットワークを活用して，サポートします。

　先生方やスクールカウンセラーにも，あの先生はこういうことに強いとか，この先生はこういうことが好きだとかの情報をいっぱいもっている方がいるのではないでしょうか。そういうお互いの資源の活用法がある程度リストアップされていて，日頃からのネットワークがある，というのはハマちゃんスタイルだと言えます。

　寅さん型とハマちゃん型の共通点は，「私はプロなんだから私だけの力で子どもを援助するべきである」というビリーフ（もののとらえ方）から解放されていることではないでしょうか。

第3章 援助チームシートを書こう
立派なことを書かなくていいよ

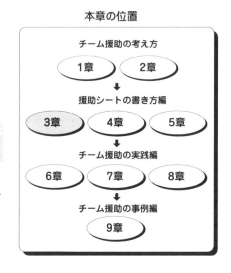

本章の位置

1 援助チームシートとは

援助チームシートがどんなもので何に使うかについては，第2章をご参照ください。ここでは，実際の書き方について説明します。

(1) 援助チームシート

「援助チームシート」（P.33）は，4つの援助領域（学習面，心理・社会面，進路面，健康面）について，子どものいいところ，気になるところ，今まで行っている援助とその結果について記入できるシートです。初めての人でも記入しやすいようにガイドがついているシートもあります（P.34）。子どもについてゼロから情報を収集する時には，こちらが最適です。

また，「援助チームシート」には，さらに広く5つの領域について，子どもの情報を記入できるシートもあります（P.36参照）。標準的なシートを「4領域版」，5つの領域があるシートを「5領域版」と区別することもあります。

4領域版……苦戦している状況について，学校教育のおもな領域の情報を集められるもの

【記入領域】　①学習面（学習状況，学習スタイル，学力など） 　　　　　　　②心理・社会面（情緒面，ストレス対処スタイル，人間関係など） 　　　　　　　③進路面（得意なことや趣味，将来の夢や計画，進路希望など） 　　　　　　　④健康面（健康状況，身体面の様子など）

【石隈・田村式 援助チームシート】

実施日： 　年　月　日（　）　時　分～　時　分　第　回
次回予定： 　年　月　日（　）　時　分～　時　分　第　回
出席者名：

苦戦していること （　　　　　　　　　　　　　　　　　　　　　　）

児童生徒氏名 年　組　番 担任氏名		学習面 (学習状況) (学習スタイル) (学力) など	心理・社会面 (情緒面) (ストレス対処スタイル) (人間関係) など	進路面 (得意なことや趣味) (将来の夢や計画) (進路希望) など	健康面 (健康状況) (身体面の様子) など
情報のまとめ	（A） いいところ 子どもの自助資源				
	（B） 気になるところ 援助が必要なところ				
	（C） してみたこと 今まで行った，あるいは，今行っている援助とその結果				
援助方針	（D） この時点での 目標と援助方針				
援助案	（E） これからの援助で 何を行うか				
	（F） 誰が行うか				
	（G） いつから いつまで行うか				

参考：石隈利紀・田村節子共著『石隈・田村式援助シートによるチーム援助入門―学校心理学・実践編―』図書文化
　　　石隈利紀著『学校心理学―教師・スクールカウンセラー・保護者のチームによる心理教育的援助サービス―』誠信書房
©Ishikuma & Tamura 1997-2003

【石隈・田村式 援助チームシート ガイド付】

実施日： 　　　年　月　日（　）　　時　分〜　時　分　第　回
次回予定： 　　年　月　日（　）　　時　分〜　時　分　第　回
出席者名：

苦戦していること （　　　　　　　　　　　　　　　　　　　　　）

児童生徒氏名 年　組　番 担任氏名	学習面 （学習状況） （学習スタイル） （学力） など	心理・社会面 （情緒面） （ストレス対処スタイル） （人間関係） など	進路面 （得意なことや趣味） （将来の夢や計画） （進路希望） など	健康面 （健康状況） （身体面の様子） など
情報のまとめ （A）いいところ 子どもの自助資源	得意(好き)な科目・自信があるもの： やりやすい学習方法： 学習意欲：	性格のいいところ： 楽しめることやリラックスすること： 人とのつきあい方：	得意なことや趣味： 将来の夢や憧れの人： 役割・ボランティア： 進路希望：	体力や健康状況： 健康維持に役立つこと：
（B）気になるところ 援助が必要なところ	成績の状況や学習の様子： 苦手・遅れが目立つ科目など： 学習意欲：	性格の気になるところ： 気になる行動など： 人とのつきあい方：	目標や希望の有無など： 進路情報：	心配なところ： こだわりや癖： 気になる体の症状：
（C）してみたこと 今まで行った，あるいは，今行っている援助とその結果				
援助方針 （D）この時点での目標と援助方針	「この子どもにとって必要なこと，大事にしてほしいところ，配慮してほしいこと」等 ・ ・ ・			
援助案 （E）これからの援助で何を行うか				
（F）誰が行うか				
（G）いつからいつまで行うか				

参考：石隈利紀・田村節子共著『石隈・田村式援助シートによるチーム援助入門―学校心理学・実践編―』図書文化
　　　石隈利紀著『学校心理学―教師・スクールカウンセラー・保護者のチームによる心理教育的援助サービス―』誠信書房
©Ishikuma & Tamura 1997-2003

（2）援助チームシートの構成

　援助チームシートは，おもに次の欄から構成されています。

　　欄外…実施日（話し合った日）・次回予定日・出席者名・苦戦していること

　　A欄…子どものいいところ

　　B欄…子どもの気になるところ

　　C欄…B欄について，今まで行った，あるいは今行っている援助とその効果

　　D欄…A〜C欄をもとに，これからの援助方針（援助の方向性）となる大きな柱

　　E欄…D欄の方針にそって，これから実践することが可能な具体的で小さな援助案

　　F欄…E欄について，だれが行うかという役割分担

　　G欄…E欄について，いつからいつまで行うかという期間

コラム 6　援助チームシートを使ってみた先生の声

　実際に援助チームシートを使ってくださった先生の感想をいくつか紹介します。

●記入する欄が小さいので，どれだけ書けるのかなと思いましたが，箇条書きで多くの情報が集まるのでびっくりしました。最初は，クラスのなかの気になる子どもについて，情報のまとめの部分だけをやってみようと思います。

●空欄があると自分に落ち度があるみたいで抵抗があったのですが，よく考えてみると，一人で全部やろうとすること自体に無理があるんですね。そのことに気づいてホッとしました。

●立派なことを書こうとせずに，私は私のままで，そのよさを援助案に生かせばいいんだとわかり，気が楽になりましたし，自信ももてました。

●シートの記入では最初に子どものいいところを探すのですが，なかなか出せなかったので，日頃いかに子どもの悪い面ばかりに焦点をあてていたかを思い知りました。

●自分は子どものことを全部知っていると思っていましたが，別の先生には意外な一面を見せていて，話し合うことの大切さを実感しました。

●話し合いながら記入しましたが，コーディネーター役の先生が大変だなと思いました。自分にもできるか不安ですが，一人の子どもについて，4領域から関係者が話し合っていくことは大切だと思いました。

●ほかの先生と援助方針を話し合うことで，これから必要な援助がわかり安心感がありました。

3　援助チームシートを書こう

（3）5領域版について

　幼稚園児など年齢の低い子どもや，LD（学習障害）などの発達障害の可能性がある子どもの場合は，言語面や生活面での発達の情報も大切になります。そこで，集める情報の領域を広げ，下記の5領域について記入できるシートがあります。

　　5領域版……言語面や生活面など，より広い領域の情報を書き込めるもの

【記入領域】　①知的能力・学習面（知能・学力，学習状況，学習スタイルなど）
　　　　　　　②言語面，運動面（ことばの理解や表現，上下肢の運動など）
　　　　　　　③心理・社会面（情緒面，人間関係，ストレス対処スタイルなど）
　　　　　　　④健康面（健康状況，視覚・聴覚の問題など）
　　　　　　　⑤生活面，進路面（身辺自立，得意なことや趣味，将来の夢や計画など）

コラム
7　**ＬＤとＡＤＨＤ（発達障害）について**

　ＬＤは学習障害と訳されています（上野一彦ら，2001参照）。

　ＬＤは情報を処理する中枢神経の働きが不全であり，学習の基礎となる「聞く，話す，読む，書く，計算する，推論する」という能力のなかに，とても弱いところがあります。そのためになかなか勉強が進みにくい状態で，学習において特別の援助を必要とします。

　ＬＤの子どもは，勉強の仕方にとても強い個性があり，学校生活に折り合いをつけるのに苦戦しています。このように勉強の仕方が個性的であるＬＤおよびその周辺の子どもは，普通の学級にいます。勉強の仕方の個性はすべての子どもにありますから，ＬＤに対する援助の充実は，すべての子どもへの援助の充実につながっていくことが期待されます。また先生や保護者がその子どもをよく理解し，子どもの得意な学習スタイルや生活スタイルに合わせることが必要です。

　ＡＤＨＤは，注意欠如・多動性障害と訳されています。基本的には，感情や行動のコントロールが困難という障害です。次の3つ特徴のどれか，またはいくつかをもっています。

　1つ目は，その場で求められているところに「注意」がいかない点です。例えば，授業中に外を見て「いい雲だなあ」と思うと，あとは先生の言葉が聞こえなくなります。注意が適当なところに長続きしないのです。2つ目は「多動」です。じっとしていることができません。教室内でよく席を離れたりします。また過度のおしゃべりがあります。これらは，多動という特徴です。3つ目は「衝動性」です。順番を待つことができない。人の会話に割り込む。質問が終わる前に答えてしまう。これらは衝動性の問題です。

　ＡＤＨＤの子どもは，自分の感情や行動をコントロールしながら，友達をつくったり，勉強したりする能力を伸ばす教育を受ける必要がありますし，これらの能力を伸ばす可能性をもっています。環境面での工夫を含めて，行動面や学習面での特別の援助が必要です。

【石隈・田村式 援助チームシート 5領域版】　実施日：　　年　月　日（　）　　時　分〜　時　分　第　回
　　　　　　　　　　　　　　　　　　　　次回予定：　　年　月　日（　）　　時　分〜　時　分　第　回
　　　　　　　　　　　　　　　　　　　　出席者名：

苦戦していること（　　　　　　　　　　　　　　　　　　　　　　　　　　　　　　）

児童生徒氏名 年　組　番 担任氏名	知的能力・学習面 （知能・学力） （学習状況） （学習スタイル） など	言語面, 運動面 （ことばの理解や表現） （上下肢の運動） など	心理・社会面 （情緒面） （人間関係） （ストレス対処スタイル） など	健康面 （健康状況） （視覚・聴覚の問題） など	生活面, 進路面 （身辺自立） （得意なことや趣味） （将来の夢や計画） など
情報のまとめ ─ （A）いいところ 子どもの自助資源					
情報のまとめ ─ （B）気になるところ 援助が必要なところ					
情報のまとめ ─ （C）してみたこと 今まで行った, あるいは, 今行っている援助とその結果					
援助方針 ─ （D）この時点での目標と援助方針					
援助案 ─ （E）これからの援助で何を行うか					
援助案 ─ （F）誰が行うか					
援助案 ─ （G）いつからいつまで行うか					

参考：石隈利紀・田村節子共著『石隈・田村式援助シートによるチーム援助入門─学校心理学・実践編─』図書文化
　　　石隈利紀著『学校心理学─教師・スクールカウンセラー・保護者のチームによる心理教育的援助サービス─』誠信書房
©Ishikuma & Tamura 1997-2003

3 援助チームシートを書こう

2 援助チームシートの書き方

　援助チームシートは，上段から順に以下のような手順で簡潔に書き込みます。手順は，4領域版・5領域版とも共通です。

シートの欄外について

　チームで行う場合は，次回の実施予定日を必ず記入する
　次回の話し合いを設定すると，チーム援助の意識が高まります。保護者を含んだチームの場合には，次回に話し合いをもつことが明確になることで，保護者が「自分の子どもに関心をもち続けてもらえる」という安心感を得ることができます。だいたいの予定を必ず記入します。

①日時の欄
　記入した日を明記します。チームで使用する場合は，話し合った日時を記入します。次回の実施予定日も話し合いの最後に必ず記入します。

②出席者名の欄
　話し合いに参加した人の名前などを記入します。

③苦戦していることの欄
　子どもが困っていることや援助者が困っていることを具体的に記入します。

シートの上段について

　情報収集のまとめ（A〜C欄）には事実を記入する。わからない時は空欄にする
　A〜C欄は，事実に基づいて現状を適切に把握することが目的です。「…だろう」などの憶測では記入しないようにします。わからない時は空欄にします。
　この空欄は大きな意味をもっています。単なる空白ではなく，「現在その欄についての情報が不足している」「その欄の情報を知っている人と連携を行う必要がある」「その欄の援助をこれから開始する必要がある」ことを意味します。とくに記入する事実がない場合には，空欄にせずに「なし」と記入します。
　つまり，12の欄に記入することで「わかったこと」「わからないこと」「したこと」「していないこと」が明確になります。援助をしていくうえで，これから知る必要があることや，これから行っていく必要があることについて一目瞭然となります。
　援助の最初の段階で，12の欄のすべてが埋まることはほとんどありません。空欄があることがむしろふつうですし，援助が進むにつれ少しずつ埋まって行きます。

④A欄　いいところ（自助資源，自分で自分を支えるもの）

　子どものいいところや子どもの得意なことについて「事実」を箇条書きにします。欄内の質問項目にそって，学習面，心理・社会面，進路面，健康面ごとに記入します。わからないところは，推測して書かずに空欄にしておきます。

　とくに，子どもの得意なことや趣味は，その子どもと援助者が心を通じ合わせるために大切な「心のドアキー」です。その子どもの世界に入り，その子どもとつき合うために，心のドアを開ける鍵となるものです。

　例えば，不登校の子どもに会いに家まで行った先生が，いざ会ってみると，学校のこと以外に話すことがなくて困ったという話を，よく耳にします。また，子どもとの会話が乏しくなってしまったお父さんが，何を話したらいいのかわからないという訴えもよく聞きます。このような時，大人が子どもの趣味の世界を知ってつき合おうとすれば，「自分に関心をもち，自分を知ろうとしてくれる」「自分を受け入れてくれる」という姿勢が子どもに伝わります。

　したがって，進路面の項目「得意なことや趣味」「将来の夢や憧れの人」は，とても大切な質問項目です。できる限り情報を集めます。年度始めに「アンケートシート・児童生徒版」（P.61）を実施しておくと，子ども自身からの情報収集ができます。

コラム 8　見える情報・見えない情報

　何かを実際に目で見て確かめるという作業は大変重要な作業です。しかし，目で見えることに頼りすぎると，目に見えない大事な情報を見落してしまうことがあります。

　著者の一人（田村）が中古車を購入した時の話です。近くの中古車センターに車を探しにいくと，ピカピカな外観や装備に目がいき，どれがいいのか迷ってしまいました。そこで，家に帰ってインターネットで検索してみました。関西に1台，いい車を見つけました。しかし，自宅のある関東からは遠いため実物を見に行くことはできません。そこで，車の傷み具合を知るために，査定表をｆａｘで送ってもらって検討し，購入することを決めました。納車までのプロセスは，話し合いを重ねた納得のいくものでした。それでも，納車の日はドキドキでした。何しろ一度も現物を目で確かめてはいなかったのですから。

　納車当日，陸送されてきた車は，まるで新車と見まちがうばかりの仕上がりで，装備から内装まで十二分に満足のいくものでした。

　この経験をして，私はふと思いました。もしきれいに補修がすんだ車を，店頭で見ただけで購入していたらどうだっただろうか。つくろった表面だけを見てしまわなかっただろうか。傷を補修する前の素顔の車について，今回のように知ろうとしただろうか。この車の弱いところや強いところを，これだけ真剣に知ろうとしただろうか。

　見えないからこそ知ろうとする情報があり，それも貴重であることを学んだ出来事でした。

3　援助チームシートを書こう

【A欄の記入例】

学習面（A）

得意（好き）な科目・自信があるもの

国語，算数・数学，理科，社会，生活科，美術，技術，家庭，体育，音楽，英語，総合的な学習，絵，ピアノ，計算が速い，発表，コンピュータ，運動

やりやすい学習方法

耳で聞いて理解する，目で見て理解する，言葉で理解する，ものを操作して理解する，1つずつ順番に理解する，図や絵で全体的に理解する

学習意欲

小グループで積極的に発言する，算数の宿題に熱心に取り組む

心理・社会面（A）

性格のいいところ

友達にやさしい，よく気がつく，手伝いをすすんでする，困っている友達に声をかける，感受性が豊か

楽しめることやリラックスすること

1人でボーっとする，ごろごろする，食べる，音楽を聴く，本を読む，漫画を読む，漫画を描く，TVを見る，TVゲーム（例：シューティング），ふろに入る，おしゃべりする，メールをする，友達や親にグチを言う，ペットと遊ぶ，釣りをする，歌う，サイクリングをする，素振りをする

人とのつきあい方

いろいろな人とよく話す，年下の子への面倒見がいい，自分から声をかける，親友と長続きする，リーダーシップをとる，ムードメーカーとなる，大人と話せる，お年寄りに親切

進路面（A）

得意なことや趣味

プラモデルが好き，漫画を描くことが得意，パソコンが好き，歌うことが得意，スポーツが好き，漫画を読むことが好き，TVゲームが好き，カード集めが好き，水泳が得意，ハムスターの飼育が得意，お菓子作りが得意，ホームページを開いている，釣りが好き，恐竜に詳しい

将来の夢や憧れの人

漫画家，声優，俳優，タレント，サッカー選手，野球選手，先生，保育士，カウンセラー，介護関係の仕事，看護師，医師，獣医，美容師，ペットの美容師（トリマー），コック，ケーキ屋，忍者，花屋，大工，宇宙飛行士，科学者，ゲームクリエーター，社長，政治家

役割・ボランティア

掃除当番をきちんとする，係の仕事をはりきってやる，ペットの世話をする，老人ホームのボランティアで花壇の手入れ

進路希望

○○高校希望，○○専門学校進学，大検受験，○○大学○○学部進学，○○社就職

健康面（A）

体力や健康状況

体力がある，持続力や瞬発力がある，健康である，食生活が良好

健康維持に役立つこと

外遊びが好き，スポーツ少年団に入っている，規則正しい生活を送っている，スイミングクラブに通っている，食べ物の好き嫌いが少ない

⑤B欄　気になるところ（援助ニーズ）

　子どもの気になるところについて「事実」を箇条書きにします。これも項目にそって4つの領域について書いていきます。わからないところは，推測せずに空欄にしておきます。

【B欄の記入例】

学習面（B）

成績の状況や学習の様子
　急に成績が落ちた，成績が全体的に低い，国語の授業で集中しない，午前中の授業で出歩きが多い，午後の授業中に寝ていることが多い，テストが教室で受けられない，テストの結果を過度に気にする，宿題が完成しない

苦手・遅れが目立つ科目など
　漢字の書き取り，作文，計算，文章題，英語，歴史

学習意欲
　学習に無気力，学習意欲の低下

心理・社会面（B）

性格の気になるところ
　人前で緊張しやすい，ちょっとした失敗を引きずる

気になる行動など
　おどおどしている，先生の側によく来る，よく約束を忘れる，落ち着きがない，順番をまもらない，友達をなぐる，すぐ泣く，友達の嫌がることをする，髪型や服装が乱れている

人とのつきあい方
　友達が少ない，自分から話しかけ（られ）ない，孤立しがち，からかわれやすい，仕切りたがる，自分の意見を言わ（え）ない，スキンシップを怖がる

進路面（B）

目標や希望の有無など
　何をしたいか決めかねている，将来に希望をもてない様子である，親と進路希望が一致していない

進路情報
　高校・専門学校・大学の資料提供，職業情報，大検の資料提供，通信制・定時制高校の資料提供

健康面（B）

心配なところ
　体力がない，風邪をひきやすい，頻尿がある，持病○○がある，夜尿がある，アレルギー（牛乳・卵・エビ・カニ・大豆・そばなど）がある，偏食，スナック菓子をたくさん食べる，外遊びや運動をさける，肥満傾向である，やせすぎの傾向がある，朝食をとらない，けがが多い

こだわりや癖
　指（鉛筆）しゃぶりがある，同じ服を着ることにこだわる，ものごとに執着する，異食がある，特定の刺激（例：音）を怖がる

気になる体の症状
　よく頭痛や腹痛が起きる，夜なかなか寝つけない，睡眠不足がち，食欲がない，疲れやすい，まばたきが多い

⑥C欄　してみたこと（今までの援助経過）

　子どもに対して今まで行った，あるいは現在行っている援助とその結果について，「事実」を箇条書きで簡潔に記入します。

【C欄の記入例】

学習面（C）	本人の希望にそった放課後の補習。だんだん負担になってきた様子。
心理・社会面（C）	担任による家庭訪問。少しずつ話ができるようになってきた。
進路面（C）	担任による進路情報の提示。まだあまり関心を示さない。
健康面（C）	親が一緒に外で遊ぶようにした。少しずつ体力がついてきた。

3　援助チームシートを書こう

シートの中段について

> ### この時点でのとりあえずの援助方針（大きな柱）を立てる
>
> 　この時点で援助することが可能なとりあえずの目標を立てます。理想的な大きな援助方針ではなく，実現可能な援助方針にします。これが，この時点での援助の大きな柱です。この柱は，子どもの状況に応じて修正していきます。
>
> 　チームで援助する場合，とりあえずの援助方針を決めることは，援助の方向性を一致させ，一貫した援助を可能にするために必須です。苦戦している子どもは，心の中に葛藤や混乱や不安を抱えています。それぞれの援助者の方針が異なっていると，子どもは方向性を見失い混乱します。援助方針が一致していることは，援助を受ける子どもや家族の混乱を防ぎ，ひいては子どもに安心感を与えることにつながります。いっぽう援助者にとっても，援助方針を一致させることは，援助者自身が安心感をもって子どもに対応することにつながります。
>
> 　このように，援助者が共通の援助方針をもつことによって矛盾が少なくなり，子どもが受ける援助サービスの質が向上します。

⑦D欄　この時点での目標と援助方針（援助の大きな柱）

　A～C欄の情報をもとに，その子どもにとって必要なこと，大事にしたほうがいいことなどを記入します。全部を埋める必要はありません。1つでも2つでもかまいません。

　複数の援助者で話し合いながら記入する場合は，この時点での援助方針（援助の大きな柱）を話し合い，箇条書きで記入します。例えば，不登校の子どもに対して，段階的な登校を促すのか，子どもの気持ちにそい，いまは無理をしないで子どもの自己表現を促すほうに重きをおくのかなどについて，保護者を含めた援助者が話し合い，方向性を統一して記入します。

　援助者がばらばらな方針で対応すると，子どもは，どうしていいのかわからなくなり動けなくなってしまいます。それが大人への不信感につながることもよくあります。したがって，立派な方針を書こうとせずに，今，目の前にいる困っている子どもに対して，この子にとって必要なこと，大事にしてほしいこと，配慮してほしいことなどを話し合い，この時点で援助可能なとりあえずの目標等を記入します。

【D欄の記入例】

・今は無理な登校を促さない。
・段階的な登校を試みる。
・学校にリラックスできる居場所を提供する。
・保健室や相談室に登校していることを「わがまま」ととらえず，入れない気持ちを理解する。
・学習面の苦手意識を少なくする。
・新しい遊びや活動（例：席の移動）のときは，そばで個別に説明をする。

- ・子どもの情緒的な安定を第一に考える。
- ・安心感を与える。
- ・学級の集団活動に参加できるよう支える。
- ・教師との信頼関係の回復をめざす。
- ・高校進学への準備を支える。
- ・心身の疲労回復を支える。
- ・体力の回復を支える。
- ・保護者を支える。

シートの下段について

援助案の立案では，具体的な小さな案を記入する

シートの上段に書かれた情報や援助方針をもとに，援助者自身が行いたい援助ではなく，「子どもにとって必要なことは何か」を考え，そのうえで自分ができることを考えます。

例えば，担任の先生が家庭訪問をして勉強をみてあげたい場合でも，子どもはまだ勉強をする気持ちにはなれないでいることがあります。そのときは，子どもの気持ちにそって信頼関係を築くことを優先します。この段階では，子どもが好きなこと（心のドアキー）で一緒に楽しい時間を共有するほうが，はるかに援助的です。子どもと心が通い合い，子どもの気持ちにゆとりが生まれると学習への意欲も出てきます。そのタイミングで勉強をみてあげます。

このように，子どもの世界に入っていって援助するための方法や援助を具体的に考えていきます。

なお，次回の話し合いの際には，シート下段に記載された内容を再吟味し，援助案を修正していきます。この手順は，一人で行う時も同じです。

⑧E欄　これからの援助で何を行うか（援助案）

D欄の援助方針にそって，「これからの援助で何を行うか」を考えて援助案を立てます。援助案を立てる際，その子どもの「気になるところ（援助が必要なところ・B欄）」に対して，「いいところ（自助資源・A欄）」と「援助資源」（援助資源チェックシート）をどう活用するかがポイントです。これに「してみたこと（今まで行った援助とその結果・C欄）」を加味して考えます。なるべく具体的ですぐに実践できるスモールステップの案にします。

また，各欄ごとに通し番号を打っておくと，F欄やG欄の記入に便利です。

保護者を含めて話し合う場合は，家庭での子どもの様子も照らし合わせて，どの援助案を行うとよいか選択できますから，無理のない実現可能な案がつくりやすくなります。

43

3 援助チームシートを書こう

【E欄の記入例】

学習面（E）	①得意な計算問題を1日3題宿題にする。
心理・社会面（E）	②朝2時間目から登校し，給食前に下校する。
進路面（E）	③なりたい職業（漫画家）について話を聞く。
健康面（E）	④好きなキャッチボールを家庭や学級でできる機会をつくる。

⑨F欄　誰が行うか（役割分担）

E欄の番号に対応させて，それぞれの援助を誰が行うか役割分担をします。

【F欄の記入例】

①担任，教科担当　②担任，保護者，スクールカウンセラー
③担任，スクールカウンセラー，生徒指導担当　④担任，保護者

⑩G欄　いつからいつまで行うか（期間）

E欄，F欄の番号に対応させて，どのくらいの期間その援助を行うか目安を決めます。

【G欄の記入例】

①今週からとりあえず今月末まで　②今週から次回の話し合いまで　③今週から1学期の間
④今週から今年度末まで

コラム 9　援助案が見つからないときには

　子どもへの援助には，次の4つの種類があります。援助案が見つからない時は，これらの種類を思い浮かべるようにするとよいでしょう（石隈，1999）。

　　情緒的サポート…声をかける，励ます，なぐさめる，見守るなど
　　　例）元気がない子どもに声をかける
　　情報的サポート…情報を提供する，アドバイス，示唆など
　　　例）休んだ時の授業の進み具合を連絡する
　　評価的サポート…評価（肯定，意見，基準との比較など）をフィードバックする
　　　例）勉強の仕方についてよいところと工夫した方がよいところを伝える
　　道具的サポート…物品，労力，時間，環境調整による助力など
　　　例）勉強のわからないところを質問できる場所と時間を提供する

　これらの種類を知っておくと，援助とは，声をかけるなどの情緒的なサポートだけではないことに気づかされます。例えば，子どもや保護者と関係が取れない場合にも，情報的サポートや道具的サポートが可能かどうかを考えることができます。それらのなかからできることを選んでコツコツとサポートを実行していくと，子どもや保護者の気持ちにも変化が生まれてきます。援助者の誠意が，保護者や子どもに伝わるからです。これらも立派な援助なのです。

3 使い方のコツ

Q　全部の欄に記入しないといけないの？

A　シートの上段（A～C欄）だけを記入しても役に立ちます。この12の欄（5領域版では15の欄）のどこがいっぱいでどこが空欄かを確認すると、「わかったこと」「わからないこと」「したこと」「していないこと」が明確になります。したがって、情報収集の欄のみを記入するだけでも、子どもへの援助の足りないところが見えてきます。

Q　「絵が得意」などは、学習面の「自信があるもの」にも、進路面の「得意なことや趣味」にも記入できます。どちらに書けばいいのでしょう？

A　学校心理学は、子どもの学校生活をトータルに理解して援助することをめざしています。そのため学習面、心理・社会面、進路面、健康面に分けて考えていますが、これらの領域は子どもの学校生活の側面であり重なり合うものです。したがって、子どもの情報はどの領域に書いてもOKです。絵が得意ということを学習面での苦戦を援助するのに役立てたいと思っているときは、学習面の欄にも書くようにするとよいでしょう。

Q　2回目以降はシートをどう記入するの？

A　1枚のシートには、2回ごとの結果を記入します。つまり2回目は、1回目に記入したシートの上から重ねて書き込み、子どもの状況で変化したところを加除訂正します。3回目は、2回目のシートをもとにして、変化したところに変更を加えながら新しいシートに転記していきます。4回目は、2枚目のシートの上から変化したところだけ修正します。これを繰り返していきますが、変化を知るうえでも最初に記入したシートは大切なので、必ず一緒に用意します。

　なおシート記入ソフトを使用する場合は、前回のシートに変化したところだけを上書きし、別名をつけてファイルを保存していきます。手書きよりも簡便です。

Q　記入に使う言葉には配慮が必要？

A　人権尊重の立場からも、子どもの人格を傷つけるような言葉を使わないよう、そして保護者や担任の先生がいやな気持ちにならないよう、記入に使う言葉には最大限の配慮が必要です。日頃から言葉の使い方に気をつけておくことは、子どもへの対応にとっても大切なことです。

45

3 援助チームシートを書こう

Q 援助チームシートの援助方針と，保護者や子どものカウンセリングの目標は同じなの？

A 私たち著者が基盤にしている学校心理学では，子どもの学校生活をトータルに援助することを重視します。この援助チームシートでは，4つの援助領域（学習面，心理・社会面，進路面，健康面）から，A〜C欄をもとに援助方針を立てます。例えば，「いまはまだ子どもが混乱している様子なので登校を促さず，援助者は『安心感を与えること』をとりあえずの援助方針にする」などです。そして，「安心感」をキーワードに学校生活全般にわたって援助案を考えていきます。

いっぽうカウンセリング（個人面接）を行う場合には，より強く子どもの内面に目を向けます。例えば，援助方針のキーワード「安心感」を頭に置きながら，カウンセリングの担当者（教育相談係やスクールカウンセラーなど）は，子どもが感じている気持ちについて耳を傾けます。カウンセリングの目標は，担当者が子どもと一緒に立てる目標なので，プライバシーの問題もあり援助チームシートには記載しません。援助チームシートには，援助方針や援助案のところに「カウンセリングを行う」などと記入します。

Q 援助チームシートに限界はないの？

A 援助チームシートは万能ではありません。苦戦している状況の経過や細かいエピソードを記入することはできませんし，書面であるという限界があります。その部分は，話し合いなどで補います。

Q 援助チームシートの活用方法とは？

A 自分ひとりで援助案を考える時にも，援助チームで話し合うときにもシートを使うことができます。

●一人で使う時には？（第5章参照）

①気になる子どもの情報収集に，上段（A〜C欄）のみを使います。わかっていること，わからないことが明確になります。

②上段（A〜C欄）の情報をもとに，自分なりの援助方針と援助案を考える時に使います。

●チームで使う時には？（第7章参照）

①その子どもとかかわりのある人たちと，チームを組んで援助する時に使用します。話し合って子どもの情報を整理し，援助案を立てます。

コラム 10　援助者のみなさんへのエール

● サポーターのみなさんへのエール

　「言いたいことを我慢しすぎていた」「先生（カウンセラー・親）って……と固定観念で見ていた」「最近，笑顔が少なかったかな」「こんな視点で見るといいところが見えてくる」……。

　ときには，援助者としての姿勢を次の４Ｆでチェックしてみましょう。４Ｆを頭の隅にいれておくと，行き詰まった時に打開策が見いだせることがあります。

　　　　　　＜４Ｆ＞　　フランク　……率直な意見

　　　　　　　　　　　　フリー　……自由な思考

　　　　　　　　　　　　フレンドリー　……親しみのある態度

　　　　　　　　　　　　フレッシュ　……新鮮な感性

● 新米スクールカウンセラーのみなさんへのエール

　学校という相手の土俵で仕事をするのは，いろいろな意味で慣れるまで大変でしょう。

　先生方と仲よくすることは大切ですが，外部からの一人職ですから，ほどほどの "サイコ" の感情があるのが普通です。

　　　　　＜サイコロジーと仲よく＞　　サ……寂しさ

　　　　　　　　　　　　　　　　　　　イ……異質感

　　　　　　　　　　　　　　　　　　　コ……孤独感

　サイコの感情が，「全くない」または「ありすぎる」時は，仕事をするうえで差し支えることがありますから，その時には４Ｆをチェックしてみましょう。

第4章 援助資源チェックシートを書こう
サポーターをさがそう！

1 援助資源チェックシートとは

援助資源チェックシートとはどんなものかについては，第2章をご参照ください。ここでは，実際の書き方について説明します。

(1) 援助資源チェックシート

　援助資源チェックシートには，援助を受ける子どもを中心に，学校・家庭・地域で援助にかかわる人物などを書き込むことができます。ネットワーク型援助チーム（P.83参照）で校外の援助資源が多い場合には，援助資源チェックシートネットワーク版（P.154）を使用すると便利です。

(2) 援助資源チェックシートの構成

　各欄は，円の背景である学習面，心理・社会面，進路面，健康面の援助とのかかわりで配置されています。例えば，担任の先生や保護者などは，4領域の全部を通して子どもの学校生活を援助するので，4領域すべてと接するところに欄が位置しています。
　これらの関連はあくまで参考のものであり，それぞれの援助者と子どもとの関係により，援助する側面は変わってきます。ただし，おもにかかわる側面がどの部分であったとしても，子どもの学校生活全体を援助するという方針は共通です。
　①円の右上……援助資源の把握を行った日
　②円の内……子どもの氏名（中心の欄）　担任や家族，その他の援助資源（円周の15の欄）

田村・石隈式【援助資源チェックシート】

(1997〜2003)

記入日　年　月　日

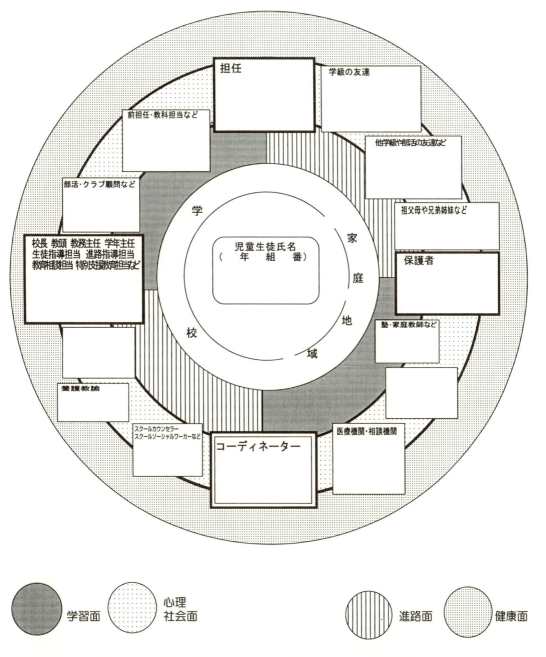

参考：石隈利紀・田村節子共著『石隈・田村式援助シートによるチーム援助入門―学校心理学・実践編―』図書文化
　　　石隈利紀著『学校心理学―教師・スクールカウンセラー・保護者のチームによる心理教育的援助サービス―』誠信書房
　　　　　　　　　　　©Ishikuma & Tamura 1997-2003

4 援助資源チェックシートを書こう

2 援助資源チェックシートの書き方

　援助資源チェックシートは以下の手順で埋めていきます。援助資源チェックシート（P.49）を参照してください。

全体について

①円の右上に記入した日を明記する。

②円の中心に，援助を受ける子どもの氏名を明記する。

③担任と保護者の欄は必ず記入する。

④子どもと関係のある人を探して，それぞれの欄に記入する。

各欄の詳細について（右回りに説明）

> ☆印は必ず記入。それ以外は，子どもと実際にかかわりがある場合に記入する。かかわっている人がいない場合は空欄にする。

①担任☆……現在の担任名を必ず記入する。

　担任の先生は，学校の中で子どもにとって親のように大きな影響力をもつ存在です。先生から勇気づけられることも，先生の姿勢が子どもの生き方のモデルになることもあります。

②学級の友達……クラスで特に仲のいい子どもの名前を記入する。いなければ空欄に。

③他学級や部活の友達など……仲のいい子どもの名前を記入する。いなければ空欄に。

　②③は最も注目する必要のある欄です。小学校時代は，友達と遊ぶことを通じて社会性を身につけていく時期です。また小学校から中学校時代は自立の時期で，友達と秘密をつくり，徐々に親離れをしていきます。そのような時期の友達関係は，子どもにとってきわめて大きな影響をもちます。級友の欄に友達が一人もいない場合には配慮します。

④祖父母や兄弟姉妹など……祖父，祖母，兄弟姉妹を記入。必要に応じて年齢も（　）で記入。

　【記入例】　姉（17歳），弟（小3）

　祖父母や兄弟姉妹は家庭内の強力なサポーターです。困ったことを兄弟姉妹に相談するという

50

子の割合が多いいっぽう，相談を受けた側の兄弟姉妹が悩んでしまうという場合もあるので注意が必要です。また，近所の人や友達から根掘り葉堀り聞かれて，兄弟姉妹にストレスが溜まっている場合もあります。兄弟姉妹の心情も理解し，同時に彼らをサポートすることにも配慮します。

⑤**保護者☆**……必ず記入する。必要に応じて年齢や仕事を（　）で記入する。

【記入例】　父（47歳　会社員），母（33歳　食料品店勤務）

　保護者は，その子どもを小さい頃からよく知っている，問題解決における最も強力なサポーターです。保護者は，「自分は親として何ができるか」「家庭では何がやれそうか」などを考え，援助に参加します。

⑥**塾・家庭教師など**……塾や家庭教師について記入する。

【記入例】　塾に週2回

　塾や家庭教師の先生は，子どもたちの学習面での援助や，心理・社会面においても大きな力を発揮します。子どもと年齢の近い先生は，子どもたちにとって魅力的な存在です。また，包容力のある年輩の先生は子どもたちにとって癒やされる存在です。

⑦**予備欄（空欄）**……地域の人やペットなど，どの欄にもあてはまらない場合に記入する。

　駄菓子屋さんや床屋さん，文房具屋さん，近所のおじさん・おばさん，アルバイト先の店長など，子どもをよく知る地域の人たちも大切な援助資源です。これらの人たちは，してほしい援助を伝えれば，子どもと程よい距離感を保ちながら行動してくれる可能性の高い人たちです。援助チームシートで何をしてほしいのかを明確にしてお願いすれば，強力なサポーターとなります。

　また，ペットも大切な援助資源です。子どもたちは，ペットに自分の気持ちを映して話すことがよくあります。

⑧**医療機関・相談機関**……かかりつけ医や相談機関を記入する。

【記入例】　○○医院小児科（かかりつけ医）

　小さい頃からのかかりつけの医療機関や，いま通っている相談機関などに，子どもがお気に入りの先生がいることは多いものです。その先生と会うだけで子どもが安心する場合もあります。

⑨**コーディネーター**……チーム援助を行っている場合，コーディネーションしている人を記入する。

　担任の先生と保護者をつないだり，子どもと援助資源をつないだりする重要な役目を担う人です。詳しくは第7章を参照してください。

51

4 援助資源チェックシートを書こう

⑩スクールカウンセラー，スクールソーシャルワーカーなど……子どもとかかわりがある場合に記入する。

スクールカウンセラーなどの相談員は，子どもたちからの相談にのったり，話し相手になったりするとともに，先生や保護者と子どもの援助について話し合います。また，スクールソーシャルワーカーは，子どもの家庭環境などによる問題に対して，児童相談所や地域の専門機関と連携して，福祉的な援助を行います。

⑪養護教諭……子どもとかかわりがある場合に記入する。

保健室は，子どもたちにとって学校のオアシスです。そして，保健室にいて評価せず気持ちを聞いてくれる存在が，養護教諭の先生です。言葉でうまく伝えられない子が，体調でＳＯＳを出していることをいち早くキャッチすることができるのも養護教諭の先生です。

⑫予備欄（空欄）……援助資源がどの欄にもあてはまらない場合に記入する。

子どもたちは，学校の中でさまざまな人たちと雑談したり相談したりします。情緒学級や言葉の教室の先生方も，子どもたちは親しみをもちやすいようです。

⑬校長・教頭・教務主任・学年主任・生徒指導担当・進路指導担当・教育相談担当・特別支援教育担当など………子どもとかかわったり，保護者の相談にのったりしている先生を記入する。

子どもや保護者にとって，経験豊富で包容力のある管理職の先生方や，学年主任，生徒指導担当，進路指導担当，教育相談担当，特別支援教育担当などの先生方とのかかわりは，大きな支えになります。

⑭部活・クラブ顧問など……子どもとかかわりがある場合に記入する。

部活やクラブなどはふだんとは違う自分を出せる場です。目標を共有する友達や顧問の先生とも一体感をもちやすく，子どもたちにとって心強いサポーターとなります。

⑮前担任・教科担当など……子どもとかかわりがあれば記入する。

気心が知れた前担任の先生や教科担当の先生方も，子どもたちにとって心強いサポーターです。

3 使い方のコツ

Q　援助資源チェックシートから何がわかるの？

A　援助資源チェックシートは，その子どものサポーターを把握するシートです。シートでチェックした担任の先生や前担任の先生，保護者，友達などから話を聞いてみると，その子どもが自分の知らないところで意外な人物と交流があったり，ペットを非常にかわいがっていたりしていることがわかります。意識して探してみると，子どもの周りには，自分の知らなかったたくさんの援助資源が存在していることに気づくでしょう。

　援助資源チェックシートの記入を通して，塾の先生や医療機関の先生など，地域の援助資源をサポーターとして「再発見」することができます。担任の先生や保護者は，援助資源チェックシートを記入しながら，これらのサポーターに援助を依頼することを考えることができます。

Q　いつ記入したらいいの？

A　援助資源チェックシートの書き込みは短時間で簡単にできるため，すべての子どもについて二者面談や家庭訪問の時に担任の先生が記入したり，一度にたくさん子どもの訪れる保健室で，養護教諭が短時間に記入したりすることができます。また，苦戦している子どもについては，保護者と面接した際に得られた情報や校内の他の先生から得られた情報を，先生やスクールカウンセラーが追加して書き込むと，よりよいシートができあがります。

Q　予防に使えるの？

A　年度当初に援助資源チェックシートを記入すると，「援助資源の数が少ない（特に級友等）」あるいは「あっても関係が稀薄」などの子どもたちに，担任の先生や養護教諭などが気づくきっかけになり，予防的な援助に役立ちます。とくに，「学級の友達」欄が空欄で親しい友達がいないと思われる場合は，子どもがつまずいた時に大変苦戦することがあります。そのような場合は，子どもが元気そうに見えても無理して過剰に適応している時があるので，新たな級友ができるまではこまめに声をかけるなどの配慮が必要です。

Q　アセスメント（情報収集とまとめ）に役立つの？

A　援助資源の把握は，ネットワークの拡大にもつながり，欠かすことのできない心理教育的アセスメントのひとつです。人間関係で傷ついた子どもは，人間関係によって癒やされる側面が

4 援助資源チェックシートを書こう

あります。そのため，子どもとよい関係を築いてくれる援助資源の把握が欠かせません。

また発見した援助資源に援助チームに参加してもらうことで，苦戦している子どものより綿密なアセスメントが可能となり，援助案の立案に役立ちます。

Q 専門家でない人が援助に加わわってもいいの？

A 援助資源チェックシートで見つかるサポーターは，子どもの身近な人たちです。その人たちが行う援助で，子どもが苦戦している状況を切り抜けることができれば，これほど自然な流れの援助はありません。身近なサポーターは，子どもや子どもの生活の場に密着しているだけに，専門家以上の援助力を発揮することもできるからです。

サポーターが少ない場合でも，強く支えられる資源があれば，十分にその子どもをサポートすることができます。サポーターが多ければ，その子どもをサポートする資源が多くあるということです。しかし多くの場合，サポーター自身が子どもを助けたいと思っていても，何をどうしていいのかがわからなかったり，自分がしたことで子どもを傷つけてしまったらどうしようと不安をもっています。また，サポーターがそれぞれバラバラな方針で子どもに接すると，子どもが混乱する恐れがあります。もう1枚のシートである「援助チームシート」を使って，行動の指針を得るようにするといいでしょう（第2章参照）。

Q 援助資源チェックシートには限界はないの？

A 援助資源チェックシートは万能ではありません。書面であるという限界があります。サポーターの名前を知ることができても，関係性まで詳しく書面には表すことができません。その部分は話し合いで補足することが必要です。子どもは援助者との関係で自分の見せる面を変化させるので，援助者同士が，子どもが自分に見せる面の違いを話し合うことも大切です。

Q 援助資源チェックシートの活用方法とは？

A 1．子どもの対人関係について知ることができます（とくに学級の友達・他学級や部活の友達）。

2．担任の先生や保護者が子どもの援助資源を把握することにより，サポートを依頼できる人が増えます。

3．チームを組んで援助する際のメンバー選択のアセスメント（情報収集）に利用できます。

4．チームの中心となる担任の先生や保護者が，子どものサポーターを知ることで，「自分だけが頑張らなくてよいのだ」と安心できます。

コラム 11　校外のネットワークを見つけよう

　子どもの問題について困った時には，学校外にも下記のような相談機関や医療機関があります。電話で相談内容を確認し，予約してから訪ねると速やかでしょう。

＜おもな公的機関＞

・児童相談所	不登校，いじめ，非行，障害，児童虐待など，子どもに関するさまざまな問題に関して，子どもや家族を援助する。
・都道府県や市町村の 　教育研究所・教育相談所	不登校，いじめ，非行，障害など，子どもの教育に関連するさまざま問題に関して，子ども，保護者，学校を援助する。
・少年サポートセンター 　　　　　　　（警察署）	青少年の非行・いじめ等に関する悩み，犯罪・いじめ・虐待等の被害者の悩みなどに関する援助を行う。
・人権相談所（法務局）	いじめなど人権問題にかかわることの相談を行う。
・都道府県 　精神保健福祉センター	ひきこもり，薬物依存，精神障害などを含めた心の健康全般に対する相談を行う。

＜おもな病院関係＞

・思春期外来／精神科	思春期に起こりがちな心身の問題や，精神疾患の可能性のある異常な行動や引きこもりなどについて，治療や相談を行う。
・心療内科	ストレスなど心理的な要因によって身体に症状が出ているとされる「心身症」などに関して，心身に対する治療や相談を行う。

コラム 12　学校にはどんな先生がいるのだろう？

　学校外の方には，学内の役割分担がわかりにくくかもしれません。本書にかかわる部分を中心に，簡単に下記に紹介します。

・校長	学校の校務をつかさどり，学校経営や教職員をまとめる最高責任者。
・教頭	校長を助け，校務を整理し，子どもの教育をつかさどる。
・教務主任	教育計画（時間割や行事）の立案や，公簿の管理をおもに担当する。
・学年主任	その学年の担任や副担任の長としてまとめる。
・生徒指導担当	子どもに「社会で生きる力」をつけることをめざした，生徒指導の中核を担う。子どもの学校生活を安全で豊かで規律あるものにするために，個人や集団のさまざまな問題に取り組む。教育相談の役割を含む場合も多い。
・教育相談担当	学習，友人関係，部活動，生き方についての悩みや不登校など，学校生活に関する幅広い問題で，子ども，担任の先生，保護者を援助する。
・進路指導担当	子どもが適性を理解し，進路選択について情報を収集し，進路選択を行うことに関する指導や援助を中心に行う。
・特別支援教育担当	障害などによる学習面や行動面の苦戦があり，特別な援助を必要とする子どもに関して，個別の教育支援計画の作成や実践および特別支援教育のコーディネーションをおもに行う。
・養護教諭	子どもの心身の健康面から，子どもの学校生活を援助する。

第5章 アンケートシートを利用しよう
子どもの声を聞こう！親の声を聞こう！

本章の位置

第3章と第4章では，援助者の立場から子どもの理解と援助を考えました。つまり援助者として，「子どもについて」の情報を集める方法について考えてきました。

ここで，視点を子どもと保護者に向けたいと思います。

アンケートシートとは，第3章・第4章で紹介した「援助チームシート」と「援助資源チェックシート」を，子どもや保護者が自分で記入できるようにアレンジしたものです。

このアンケートシートは，子どもや保護者が自分で記入します。そのため，自分のいいところ（自助資源）や，自分を支えてくれるサポーター（援助資源）について，保護者や子どもが自分自身で把握できます。また援助者にとっても，記入されたシートから情報が得られます。

アンケートシートには，次の3種類があります。記入時間は，それぞれ15分～20分程度です。

①児童生徒版（小学校高学年・中学生・高校生向け）
　子どもが，自分自身のいいところ，気になるところや援助資源について自分で記入する。
②保護者版
　保護者が子どものいいところ，気になるところや援助資源について記入する。
③保護者振り返り版
　保護者が，自分自身のいいところ，気になるところや援助資源について自分で記入する。

これらのアンケートシートは，アンケートを実施する援助者（例：先生）と子ども，あるいは保護者との信頼関係を基盤としています。実施のタイミングに配慮し，できる範囲で記入すればいいことを強調して実施してください。また，保護者振り返り版は，提出を求めるものではありません。

1 アンケートシート・児童生徒版

児童生徒版とは

　4つの援助領域（学習面，心理・社会面，進路面，健康面）について，自分のいいところや気になるところ，手助けしてくれる援助資源などを子どもが自分で記入できるように構成されています。対象は，小学校高学年，中学生，高校生です。このアンケートに記入することで，自分自身の気がつかなかったよい点や，サポートを必要としていることを子どもが知ることができます。

　担任の先生にとっても，子どものいいところやサポートを必要としているところを知ることができます。そして，サポートを必要としていることがらについては，担任がサポーターとして機能することが可能です。子どもの希望があれば，養護教諭，教育相談担当，生徒指導担当，スクールカウンセラーなどの援助につなげることもできます。

　このアンケートシートは，年度始めや学期の途中で，学級や学校の子ども全員に実施すると，子どもにとっては自分自身を振り返る意識づけになり，さらに担任にとっては配慮を要する子どもの早期発見にも役立ちます。とくに新学年の始業式初日にアンケートを実施すると，子どもが早期に問題をもってしまった場合の援助にも活用できます。子どもの苦戦が始まった時には，担任の先生が使う援助チームシートに情報を転記して利用することができます（第2章，第3章参照）。

　子どもがアンケートに協力的でない場合も，先生方がアンケートの結果を随所に生かして対応すると，「どうせ書いたって……」という子どもの思いをくつがえすことができます。結果を子どもの援助に生かすこと，単発ではなく定期的に行うことも大切です。

おもなアンケートシートの項目

①学習面について

・「得意（すき）な教科や自信があるものは何ですか？」……学習能力や学習の好みを尋ねる項目です。自分の力を再認識したり，伸ばしたりするきっかけになります。

・「やりやすい学習の方法は何ですか？」……学習スタイルを尋ねる項目です。自分の得意な勉強のスタイルに気づくきっかけになります。

・「学習面でやってみたいことは何ですか？」……学習に対する態度や意欲を尋ねる項目です。

②心理・社会面について

- 「自分の性格ですきなところは何ですか」……自己肯定感に関係した項目です。記入することで自分のいいところに目を向け，自尊心が高まることが期待できます。
- 「何をしている時が一番楽しいですか」……ストレスの対処方法を尋ねる項目です。ない場合には，ストレス対処が不器用な場合があります。
- 「友達との過ごし方について教えてください」……友達関係に関連した項目です。

③進路面について

- 「趣味や今，はまっていることは何ですか」……将来の夢や職業選択につながる項目です。さらにこの質問は，子どもの「心のドアを開ける鍵」でもあります。担任や相談担当者がこれを知っておくと，子どもと日頃の関係を良好に保てます。また，苦戦する状況に子どもが陥った時にもその話題で話を弾ませることができ，警戒する心を少しずつ開くことができます。
- 「目標（憧れ）の人はだれですか」「将来の夢やなりたい職業は何ですか」……自分のモデルになる生き方や未来に対する自分のイメージに関係した項目です。モデルになる人がいる場合は，子どもが具体的な未来の自分をイメージすることができ，目標を設定しやすくなります。したがって，「なし」と記入する子どものなかには，自分を肯定できないで，将来に夢や希望をもてずに悩んでいる子が少なからず見られます。

④健康面について

- 「体を動かすことですきなことは何ですか」「健康にいいことでしていることは何ですか」……健康を維持するための方法を尋ねる項目です。これを知ることは，担任や相談者が話題をつくったり一緒に体を動かしたりするための参考になります。
- 「自分の体力についてどう思いますか」……体力や生活習慣に目を向ける項目です。睡眠が不足気味になったり運動量が減ると，「最近体力がなくなったなあ」と子どもなりに体力の衰えを感じるようです。

⑤援助資源について

- 「友達について」「相談について」「その他」……援助資源に関係する項目です。だれにも相談しない子どものなかには，今大きな問題を抱えていない，または自分で解決する力のある子どもと，困った時の援助資源が乏しい子どもの両方が含まれます。後者の可能性も含めて，日頃から声をかけていい関係を築いておくと予防的なかかわりになります。

児童生徒版の使い方

①進め方

配布から回収までは20分前後を目安にします。

配る前には，アンケートの目的を子どもたちに伝えます（アンケートの欄上の説明を参考にしてください）。また，「書けるところだけ書いてください」と強調したあと，秘密の保持がなされること，だれが読み，実施の責任者はだれなのかについても明確に伝えます。アンケートの責任者の欄には，このアンケートを見る可能性のある人の名前を事前に明記します。例えば，「担任○○，養護教諭○○」「担任○○，学年主任○○」などです。さらに，担当者の欄に担当者名の印を押したり，自筆でサインしたものを印刷して配れば，先生もアンケートを大切にしているという気持ちが子どもに伝わり，真剣に取り組む意欲が高まります。

アンケートを実施する時期は，学年・学期が始まって，担任の先生と学級の子どもとの信頼関係がある程度できたころがいいでしょう。また，教育相談週間前（アンケートを見ながら個別面接が可能）なども考えられます。

②集め方

全員が書き終わってから，先生が集めて回るか，各自で教卓に伏せて置くようにします。後ろから前に用紙を送って回収すると，見られる不安をもつ子どもがいるので避けたほうがいいでしょう。

③活用の仕方

回収したら，一人ひとりのアンケートに目を通します。乱雑に記入していたり，何度も消して書き直していたり，書かれている言葉が気になる子どもなどをチェックします。

筆勢や筆跡にはそれなりの意味があります。不まじめに記入したり，乱雑な字で記入することは注意を引こうとしているサインとも考えられますから，子どもを理解するきっかけとなります。このような子どもは，自分からは声をかけづらい場合が多いので，その子どもの心のドアキー（趣味や，今はまっていること）を使って先生から接近し，かかわりをもつように心がけます。

そのとき，アンケートの内容や表現はありのままに受け止め，けっして「不まじめなやつだ」と決めつけたり叱ったりしないことです。叱ってしまうと，次からはこの種のアンケートに答えなくなる可能性があります。

また，筆跡が弱かったり，自分のいいところに「なし」と記入している場合は，悩みが直接書かれていなくてもSOSのサインととらえて早めに援助します。先生から見て明るく元気な子どもでも，子ども自身はやっとの思いで学校に来ていることがあります。表情と内面が一致していないのです。そのような子どもの心のドアキーがわかれば，会話のきっかけをつかみ，先生との信頼関係を築いていくことができます。つまり，問題が起きていない時点から，趣味の話題などで先生と子どもがフランクな関係を築いておくことが予防的な援助になります。

悩みが具体的に書かれている子どもについては，その悩みについて聞く時間を設けます。この時，進路情報の提供を必要としているなど具体的な問題については，子どもが解決策を選択でき

5 アンケートシートを利用しよう

るように先生がいくつか案を提供します。

　心理的な問題については，解決を急がずにその気持ちをわかろうとすることに徹すると，子ども
もは先生に信頼感をもちます。そして，先生が自分の気持ちをわかってくれたと実感できた時に
子どもの気持ちは楽になり，自らの力を発動しやすくなります。できれば1回きりの面談ではな
く，その後も数回のフォローの面談をもつことができれば理想です。なぜなら，「次は○日に話
しましょう」と次回の面談の時間を約束すると，その日時まで先生と心がつながっているという
実感を子どもがもつことができるからです。面談の時間を約束した場合は忘れないようにし，出
張等が入った場合にはその旨を事前に告げ，別の日時を伝えておく配慮も大切です。

コラム 13 「アセスメント」と「フィードバック」の関係

　アセスメントとは，情報収集とそのまとめのことです。私たち援助者は，行動観察，各種作品
などから，ときには心理検査を行って，その子どもについての情報を得ます。これらは，その子
どもをこれからどのように援助していくのかを決定するうえで，援助者にとって重要な情報です。
　しかし，それらの情報は，援助者が取りっぱなしにしたのでは援助に生かしきれません。ア
ンケートや心理検査を行った場合には，その結果を子どもや保護者にわかりやすくフィードバ
ックする（伝える）ことも重要です。なぜなら，これらのテストから得た情報は，もともとは
子どものものだからです。子どもへの援助を効果的に行うために，アセスメントのプロセスに
おいて，テストの結果をさまざまな観点をもった箱に入れ直しながら，「あなたのことをいろ
いろな見方で見てみたらこうだったよ」と，子どもにわかりやすいように大まかな結果を返し
てあげる必要があります。
　結果を返す時には，その子どものいい面を強調して伝えます。そうすると，その子どもが箱
の中身を見て，自分の得意な能力や資質をさらに伸ばしていきます。これは，その子どものち
ょっと弱いと思っているところが目立たなくなっていくことにつながっていきます。
　このように，子どもの成長には，自分がよりよく生きていくために自分のことを知ること，
そしてそれを生かすことが欠かせません。「アセスメント」と「フィードバック」は，援助者
にとってひとまとまりの活動と言えます。

【 石隈・田村式アンケートシート　児童生徒版 】

実施日：＿＿＿＿＿年　　月　　日

これはあなたの学校生活のサポートに役立てるものです。成績や評価には一切関係ありません。書けるところだけ記入してください。

責任者（　　　　　　　　　）

名前　年　組　番		学習面　について	心理・社会面　について	進路面　について	健康面　について
あなたについて	あなたの いいところを 教えてください	得意(すき)な教科や自信が あるものは何ですか？	自分の性格ですきな ところは何ですか？	趣味や今はまっている ことは何ですか？	体を動かすことですきな ことは何ですか？
				目標(憧れ)の人は だれですか？	
		やりやすい学習の方法は 何ですか？	何をしている時が一番 楽しいですか？		健康にいいことで していることは何ですか？
				将来の夢やなりたい 職業は何ですか？	
		学習面でやってみたい ことは何ですか？	友達との過ごし方に ついて教えてください		自分の体力について どう思いますか？
				卒業後の進路希望を 教えてください	
	あなたが 気になっている ことを教えて ください	嫌いな教科は何ですか？	自分の性格で,気になる ところは何ですか？	将来の職業について どんな情報が必要ですか？	体のことで気になることは 何ですか？
		苦手な教科は何ですか？			
		勉強面で苦戦している ことは何ですか？	学校・家庭・友達などで どんな悩みがありますか？	卒業後の進学について どんな情報が必要ですか？	
友達について	クラスや部活などで親 しい人をさしつかえな ければ教えてください				
相談について	あなたは困った時に だれに相談しますか？	友達・先生・家族（お父さん, お母さん, 兄弟姉妹, おじいちゃん, おばあちゃん）・その他（　　　） └ 名前を書ける人は教えてください（　　　　　　　　　　　　　　　　　　　　）			
	今, だれかに相談したい ことはありますか？	は　い　・　いいえ （どちらかに○をつけてください）			
その他	かわいがっているもの はありますか？	(動物や花など何でも：いくつでも。ペットの名前も教えてください)			

©Ishikuma & Tamura 2003　　　　　　　　　　ありがとうございました

5 アンケートシートを利用しよう

2 アンケートシート・保護者版

保護者版とは

　このアンケートシートは，保護者が子どものいいところや気になるところを再認識し，自分自身の子どもへのかかわり方を考える一助にするものです。親役割の啓発や心理教育にもなります。

　子どもについてあらためて問われると，保護者も自分の子どものことを意外と知らないことに気づくものです。さらに，子どもの気になるところはすらすら出てくるのに，子どものいいところを尋ねられて「う～ん，浮かばないわ」と答える保護者が多いことに驚かされます。

　このアンケートに記入することで，保護者に自分の子どものいいところを再発見してもらいたいと思います。そして，発見した子どものいいところは，たくさんほめてあげてください。そうすると，子どもの自尊心を高めることにつながります。また，心のドアキーを知ることで，親子の会話が増えることも期待できます。

おもなアンケートシートの項目

　質問項目は，アンケートシート・児童生徒版と同じです。自分の子どもについて，保護者が同じ項目を記入します。

保護者版の使い方

①進め方

　アンケートの実施時期としては，学級懇談会や保護者会，保護者向けの研修会などが最適でしょう。配布から記入終了までは20分前後を目安にします。配る前にアンケートの目的を次のように保護者に伝えます。終了後に回収するかしないかは，実施者が判断します。

（説明例）

　「自分の子どものことはわかっているようで，意外とわからないことも多いものです。今日は，少しご自分のお子さんについて振り返ってみませんか。私もお子さんたちとの対応にぜひ生かしていきたいと思います。通知票などの評価には一切関係ありません。秘密は厳守します。提出したくない方は，そのまま持ち帰ってくださってけっこうです」

②説明の仕方

アンケートの記入が終了したら，保護者にアンケートシートの項目について説明します。

（説明例）

「お子さんのいいところを教えてください」という質問は，お子さんが何かにつまずいたとき，乗り越えるために大切な力になるものです。親はどうしても悪いところばかりが目につき，そこを叱ってしまいがちです。悪いところを直すことはなかなか難しいことですが，いいところをほめることで自信をもち伸びていくと，悪いところが目立たなくなってきます。

ぜひ，今回確認したお子さんのいいところを認めてほめてください。それから，お子さんの趣味についても，たまには耳を傾けてみてください。自分の好きなことに関心をもってくれているというのは嬉しいものです。お子さんとの心の距離がぐっと近くなると思います。

「お子さんの気になっていることを教えてください」という質問については，担任（アンケートの実施者）としてお手伝いできるところはしたいと思います。内容によっては，ご家族の協力が欠かせませんので，ご一緒に考えていきたいと思います。その際に参考にしますので，お子さんへの対応で心がけていることや，それをしてみた結果などについて，簡単にでけっこうですので，まだ未記入の方は「心がけていること」という欄にぜひ記入してください。相談を希望される方は，下から２番目の欄の「はい」に○をつけてください。私以外にも○○（学年主任，教育相談担当，生徒指導担当，養護教諭，特別支援教育担当，スクールカウンセラーなど）も相談に応じますので，その旨もご遠慮なくご記入ください。

お子さんの友達の名前を書く欄は，お子さんの成長を助け，困った時に助けてくれる大切な友達の存在を知るためのものです。友達とのふれあいは自立の一歩ですから，親としても大切にしたいものです。勉強や部活で友達と比較し，叱咤激励することは慎んだほうがいいでしょう。お子さんの友達について関心をもって聞くと，子どもは親に親近感をもちます。

③集め方

②の説明が終了した時点で次のように保護者に伝えます。

（説明例）

「提出してもいい方は，アンケートをそのまま裏返しに机の上に置いていってください。私が責任をもって回収します。秘密は厳守します。その他の方は，どうぞそのままお持ちください」

【 石隈・田村式アンケートシート　保護者版 】

これは **お子さんのこと** をよりよく知って，お子さんのサポートに役立てるものです。

実施日：＿＿＿＿＿年＿＿月＿＿日

責任者（　　　　　　　　　）

氏名　年　組		学習面 について	心理・社会面 について	進路面 について	健康面 について
保護者＿＿＿＿＿＿＿＿＿＿ 子ども					
お子さんについて	お子さんの いいところを 教えてください	得意(好き)な科目や自信 のあるものは何ですか	性格でいいところは どんなところですか	趣味や今はまっている ことは何ですか	体を動かすことできな ことは何ですか
				目標(憧れ)の人は だれですか	
		やりやすい学習の方法は 何ですか	何をしている時が一番 楽しいですか	将来の夢やなりたい職業 は何ですか	健康にいいことを何か していますか
		学習面でやってみたいこ とは何ですか	どんなふうに友達と 過ごしていますか	進路希望は何ですか	体力について どう思いますか
	お子さんの 気になっている ことを教えて ください	嫌いな科目は何ですか	性格の気になるところは どんなところですか	将来の職業についてどん な情報を必要としている と思いますか	健康面で心配なことは 何ですか
		苦手な科目は何ですか			
		勉強面で苦戦している ことは何ですか	学校・家庭・友達などで どんな悩みがあると思い ますか	卒業後の進路について どんな情報を必要として いると思いますか	
心がけていること	おうちの方が お子さんへの対応で 心がけていることや その結果について 教えてください				
相談について	お子さんは困った時に だれに相談しますか	友達（　　　　　　　　　　　　　　）・ 先生（　　　　　　　　　　） 家族（父，母，兄弟姉妹，祖父母）・その他（　　　　　　　　　）			
	お子さんのことで 困ったときに だれに相談しますか	友　人　・　家　族（配偶者・父母・子ども）　・　近隣者および親戚 　　その他（　　　　　　　※いまだれかに相談したいことはありますか？　　はい　・　いいえ			
その他	お子さんがかわいがって いるものはありますか	(動物や花などなんでも：いくつでも)			

©Ishikuma & Tamura 2003

ありがとうございました

3 アンケートシート・保護者振り返り版

保護者振り返り版とは

　保護者向けの研修会など，保護者の心理教育に用いることのできるシートです。

　とくに小学生高学年から高校生は，思春期を迎えて心が不安定になりやすいので，思春期（子）ＶＳ思秋期（親）という親子対立の構図になりやすいものです。子どもも親も共にイライラし，感情がぶつかりあう場面も多くなりがちです。これは，子どもが自立の時期を迎えたということで，親が子離れするためのサインです。むしろ喜ぶべきものなのですが，近年は，逆に親の不安が募り，子離れできにくいことが多いようです。

　親が子どもに期待や夢を押しつけてしまったり，親自身の不安や寂しさから子どもの世界を全部知りたがったり，また子育て以外に自分の夢や目標を見つけられなくなってしまう場合には，子どもの自立を阻む傾向が強まります。いたずらに不安を抱かず，親が自分自身の人生を楽しむ姿勢が，子どもが自立していく過程で必要不可欠な要素となります。そのために，保護者自身が自分をチェックするために使います。

おもなアンケートシートの項目

　保護者が自分自身について，いいところ，困っていること，援助資源などを記入します。

　前述のアンケート・保護者版は，保護者として子どもに関する質問に答えるものでしたが，このシートでは自分自身について答えます。

保護者振り返り版の使い方

①進め方

　配布から記入終了まで20分前後を目安にします。配る前にアンケートの目的を次のように保護者に伝えます。

（説明例）

　このアンケートは原則として回収しません。みなさんのお子さんも親離れの季節を迎え，それに伴い親の子離れが大切なテーマとなってきました。この時期，お子さんが自分から離れていく

5 アンケートシートを利用しよう

ことを寂しく思う方もいるようです。そこで，この辺でちょっとご自分のことを振り返り，子離れの準備をしていきませんか。

②活用の仕方

アンケートの記入が終了したら，保護者にアンケートに関連した話をします。

（説明例）

記入してみて，いかがだったでしょうか。書きやすいところや書きにくいところなどがあったかと思います。思春期のお子さんは，これから花を咲かせる時期を迎えるわけですが，思秋期である保護者のみなさんは，実をつけ熟していく時期であるとも言えます。保護者の方も，昔見ていた夢，あきらめかけていた夢，新しく見つけた夢にチャレンジできるチャンスなのです。親が自分の人生を大切にする姿は，子どものモデルになります。そして親が自分自身に注意を向けることで，子どもへの干渉が少なくなり，子どもは自立しやすくなります。そのために，自分のいいところや能力を見直し，新たな目標を見つけるためのきっかけづくりとして，このアンケートを利用していただければと思います。

親という仕事は，思うようにいかないことも多く，そんな時は「自分は親として失格だ」と，大きな×をつけてしまいがちです。でも，初めから完璧な親はいませんし，援助に遅すぎるということもありません。気がついた時に対応を変え，危機を糧として，子どもと共に親として成長していきましょう。苦戦している状況が，今，あるなしにかかわらず，このアンケートがお子さんの健やかな成長のきっかけとなることを願っています。

【 石隈・田村式アンケートシート　保護者振り返り版 】　　実施日：＿＿＿＿年＿月＿日

これは **ご自分のこと** を振り返り，これからに役立てていただくためのアンケートです。

未回収

保護者氏名		学習面 について	心理・社会面 について	進路面 について	健康面 について
ご自分について	あなたの いいところを 教えてください	知識・技術面などで自信を もっていることは何ですか	何をしている時が一番 楽しいですか	ご趣味は何ですか	体を動かすことですきな ことは何ですか
			好きなところやいいところ はどんなところですか	これからの夢や計画は 何ですか	健康にいいことで していることは何ですか
	あなたの 気になっている ことを教えて ください	知識・技術面など でこれから身につけたい ことはありますか	短所はどんなところですか	これからの夢や計画について どんな情報を必要として いますか	健康面で心配なことは 何ですか
		上記のことで何か悩みは ありますか	子育てや対人関係で何か 悩みがありますか		
友人について	親しい友人は いらっしゃいますか				
相談について	あなたは困った時に だれに相談しますか	友人　・　家族（配偶者，父母，子ども）　・　近隣者および親戚 その他（　　　　　　　　　　　　　　　　　　　　　　　）			
その他	あなたはかわいがって いるものがありますか	（動物や花などなんでも：いくつでも）			

©Ishikuma & Tamura 2003　　　　　　　　　　ありがとうございました

第6章 援助シートを利用して自分で始めよう

本章の位置

```
チーム援助の考え方
 1章  2章
   ↓
援助シートの書き方編
 3章  4章  5章
   ↓
チーム援助の実践編
 6章  7章  8章
   ↓
チーム援助の事例編
 9章
```

　ここまでに、「援助チームシート」と「援助資源チェックシート」、そして「アンケートシート」について、それぞれの使い方を説明してきました。

　本章以下では、読者がそれぞれの立場で、シートを使ってどのように子どもたちを援助していくのかという実践について考えてみたいと思います。

　この第6章では、まず担任・学年主任・教育相談担当・生徒指導担当・養護教諭・特別支援教育担当・スクールカウンセラーなどが、それぞれの立場でできる援助について、シートを活用する方法を述べます（P.75表1参照）。つまり、まずは自分ひとりでシートの活用を始めてみようという立場に立って説明しています。また、保護者が自分や子どものことについて、自分で記入しながら利用する方法についても述べます（P.77表2参照）。

　その後の第7章、第8章では、援助を自分以外の人とつなげて行う方法について、横のチームプレイ、縦のチームプレイ、ということで考えてみたいと思います。

1 援助者のシート活用法

苦戦している子どもについての情報を集める

　苦戦している子どもを援助していくには，子どもに関する「事実」の情報を集める必要があります。それが，適切なアセスメント（情報の収集とまとめ）の第一歩です。

　援助資源チェックシート，援助チームシートをメインに，また，アンケートシートを使って，できるだけ多くの角度から情報を集めましょう。学習面，心理・社会面，進路面，健康面の4領域から情報を集めることで，子どもの全体像をつかむことができます。また，子どもの周りにいるさまざまな援助者からも情報を集めると，新しい発見があります。

（1）援助資源チェックシートを利用しよう！

　まず援助資源チェックシートを使って，その子どものサポーター（援助者）を探します（第4章参照）。あらためて考えてみると，子どもがどのような人とどのような関係があるのか，わからないものです。

　子どもが友達と良好な関係を築けるようになると，問題解決の促進につながることが多いことは，援助者がよく経験することです。また反対に，友達といつも一緒にいても，心の距離は離れている場合もあります。自分の主観だけで記入するのではなく，他の先生やその子どもと交流のある子どもたちからも話を聞いてみるといいでしょう。また保護者からも，友達以外の人間関係や，その子どもの好きな場所，ペットなどについて話が聞けると理想的です。意外なサポーターが見つかることもよくあります。

（2）援助チームシートを利用しよう！

　情報収集には，援助チームシートの上段（A～C欄）を利用します。標準版には項目のガイドがついているので，それにそって埋めていくとよいでしょう（第3章参照）。

　子どもを援助するうえでとくに重要な情報は，子どもの得意なことや趣味，友達やペットなどの存在です。自分ひとりではわからない場合は，前項の「援助資源チェックシート」で見つけたサポーター（前担任や部活顧問，保護者，その子どもの友達など）から話を聞きます。この時，推測ではなく「事実」を収集することを心がけます。

　スクールカウンセラーも，保護者や子どもと直接会って得た情報だけに頼らず，それ以外の人からも，できるだけ話を聞き取るようにします。子どもは，親の前，先生の前，スクールカウン

セラーの前で，見せる顔が異なることが多いからです。担任，学年主任，養護教諭，部活顧問や教育相談担当，生徒指導担当など，その子どもをよく知っている人から，A〜C欄について事実を聞き取るようにします。聞いてみてもわからない場合は，その欄を空欄にしておきます。

☞ ポイント　わかるところだけ記入してみよう

（3）アンケートシートも利用しよう！

　アンケートシートは，苦戦している子どもに限らず，すべての子どもに対して用いることができます。子ども自身に記入してもらうので，学習面，心理・社会面，進路面，健康面の情報が本人からたくさん手に入ります。これが，子どもの成長を促進したり，または特別な配慮を開始するタイミングをはかる一助になります。つまり，アンケートシートは，一次的援助サービスや二次的援助サービスの道具となります（P. 12図1参照）。

　今のところは苦戦していない子どもでも，学校生活のある時期には，ふだん以上の援助を必要とすることがあります。とくに大人を警戒している子どもや，大きな問題を抱えている子どもが苦戦した場合は，その子どもとの信頼関係が十分ではない時点で援助を開始することがよくあります。アンケートシートを事前に実施しておけば，子どもの心を開く「心のドアキー」となる情報や，その子どものサポーターの名前を予め知ることができるので，これをもとに子どもとの関係をよくしたり，協力を要請する人を見つけたりできます（第5章参照）。

　援助を開始する場合は，子どもの書いたアンケートシートの情報を，援助資源チェックシートや援助チームシートに転記して使用します。アンケートシートが未実施の場合は，「援助チームシート」「援助資源チェックシート」を使って，前記の手順で自分で情報を収集します。

苦戦している子どもに対してできることを模索する

　次に，援助資源チェックシート，援助チームシート，アンケートシートにまとめられた情報をもとに，苦戦している子どもに対して，自分の立場で何ができるかを考えることができます。これを繰り返していくうちに，知らず知らずに援助者の力量が少しずつアップしていきます。

（1）その子どものいいところを生かそう

　援助チームシートのA欄には，子どもの自助資源が記入されています。ここには援助を行うための宝がたくさんつまっています（第3章参照）。

　子どものいいところ（自助資源）を探し出し，それを認めていくことは，子どもの自尊心を高め，いいところをさらに伸ばしていくことにつながります。大人はどうしても，その子どもの気

になるところをたくさん拾い上げ，それを直すことを期待します。そして，「何が原因でどうやって直すか」に注意を集中します。すると，結果的に子どもの気になるところをいつも注意することになり，子どもの自尊心が低下していきます。

どんな子どもにも，学習面，心理・社会面，進路面，健康面のどこかに，必ずいいところが見つかります。それを見つけてフィードバックしましょう（P.60コラム13参照）。いいところを認めることは，援助者が子どもを肯定的に受け入れることにつながります。この姿勢は必ず子どもに伝わります。すると，子どもの表情が明るくなったり，自信が芽生えて意欲が出てきたりします。また，自分のいいところが認められると，子どもが自分で自分を支えることにつながっていきます。

つまり，いいところを認めていくというのは，援助の基本的な方針なのです。

ただし，いいところを認めていった結果が，子どもの成長としてすぐ現れる場合と，なかなか現れない場合があります。もしもすぐに結果が見えなくても，あせらずに子どものいいところを認めていきましょう。時間がかかる場合は，それほどまでに子どもの自尊心が低下しているのだと理解し，根気よくいいところをフィードバックし，少しずつ少しずつ自尊心を満たしていきましょう。

また，大人や学校に対する不信感の強い子どもが苦戦しているときに，先生が本当に認めてくれているのかどうかを試してくることがあります。わざと注意を引くような行動をとったり，先生が嫌がることをするのです。そのときは，悪い行動だった場合には注意をし，その行動をとった背景の気持ちを聞いてあげます。そして，「こんなことされて悲しかった。もうしないでほしい」などと先生の気持ちを伝え，行動をやめることを促します。最後には必ずその子どものいいところを伝え，悪かった行動を叱ったことは，人格を否定しているのではないことを伝えます。

スクールカウンセラーが使う場合には，保護者との初回面接（インテーク）時に援助チームシート・援助資源チェックシートを利用します。子どもの援助資源や学校生活について，トータルな視点をもってアセスメントを行うことができます。ただし，子どもの生育歴については，このシートには記入することができません。必要な場合には，記録を工夫しましょう。

スクールカウンセラーも，学校という場では，他の援助者と同様に子どものいいところを伸ばすという視点をもち，他の援助者と協力していく姿勢が必要です。

(2) その子どもの心を開くドアキーを見つけよう！

その子どもが自信をもっているものや，好きなこと，得意なこと（自助資源）を，学習面，心理・社会面，進路面，健康面ごとに探してみましょう。そして，それを役立てましょう。

子どもの得意なことや好きなことがわかっていると，子どもとの関係をとるときに役立ちます。関係をきずくために，子どもの心の扉を開くドアキーになるのです。また大人が子どもの趣味の世界につき合おうとすることは，「自分に関心をもち自分を知ろうしてくれる」「自分を受け入れ

6 援助シートを利用して自分で始めよう

てくれる」という感じを子どもに伝えることになります。

このようなかかわりは、カウンセリングにおける3種類のかかわり（コラム14参照）のなかの
Being-In Your World「援助者が子どもの世界に入る（入れてもらう）」に当たります（石隈，
1999）。援助者の土俵に子どもを招き入れるのではなく、援助者が子どもの土俵に入れてもらう
のです。そのことは、子どもを尊重している、つまり「あなたを大切に思っています」というメ
ッセージを子どもに伝えることになります。

このとき先生方は、「何もしないで、ただ子どもが好きな遊びにつき合っているだけでいいの
だろうか？」という疑問をもつことが多いようです。でも、自分の得意なことに関心をもってつ
き合ってくれる人の存在は、子どもの自尊心や自信を高めます。そして、子どもにとって大きな
心のよりどころになります。これも、援助を進めていくうえでの大切な一歩です。

☞ **ポイント　今やれることからやってみよう**

（3）かかわりのある人を活用しよう

その子どものサポーターになり得るのは、その子どもの学校生活を支えている、ないしは、支
える可能性のある人たちです。担任の先生はもちろんですが、友達や部活顧問、保健室でよく言
葉を交わす養護教諭などが含まれます。このようなサポーターは、3種類のかかわりのなかの
Being-For You「援助者が、子どものために存在する」という意味をもちます（石隈，1999）。

しかし、その子どもの周りにサポーターがいても、子どもが苦戦していることを知らない場合
には、援助を開始することができません。そこで、保護者や担任の先生、スクールカウンセラー
などの援助者は、タイミングをみてサポーターにお願いし、子どもを支えてもらうよう援助を依
頼することができます。サポーターからその子どもの印象を聞いたり、実際にその子どもに声を
かけてもらったりなどの具体的な働きかけをしてもらい、その結果を聞いて次の援助の参考にし
ます。

また援助資源は人だけではありません。その子どもにとって居心地のよい場所、例えば、子ど
もが好きな駄菓子屋、床屋、図書館、相談室、適応指導教室、思い出の場所なども含まれます。
さらに、しばしばペットも子どもにとって重要なサポーターとなります（第4章参照）。

☞ **ポイント　ひとりで抱えこまないようにしよう**

手助けを得る道具として

記入したシートを見て考えても、自分ひとりではいい案がなかなか思いつかないことがありま
す。そのような時には、その資料を持って、担任、学年主任や生徒指導担当、教育相談担当、養

護教諭，特別支援教育担当，スクールカウンセラーなどに相談しましょう。場合によっては，相談された人たちもその子どもの援助に携わり，そこからチーム援助に発展することもあります。また，問題が大きすぎて校内だけでは対処しきれない場合には，校外の専門機関の助力を得ます。

コラム 14　カウンセリングにおける3種類のかかわり

　子どもに援助的にかかわるモデルとして，実存主義心理学者ムスターカス（Moustakas,C）を参考にした「カウンセリングにおける3種類のかかわり」を紹介します（石隈，1999）。

①Being-In：理解者になる　＜わかる＞

　Being-Inとは「Being-In Your World」であり，「援助者が子どもの世界に入る（入れてもらう）」という意味です。援助者が子どもの世界に浸り，子どものことばかり考え，子どもの理解者として子どもの世界を子どもの枠組みで見ようとするようなかかわり方のことです。

　つまり，子どもの問題状況と感情を，子どもの内的世界から，子どもの立場で理解しようとします。このように，自分の世界を自分の枠組みで，援助者から共感的に理解されることで，子どもは自分を受容し，自分の主体性を再生し，維持し，強化する力を得るのです。

②Being-For：味方になる　＜支える＞

　「Being-For（You）」は，「援助者が，子どものために存在する」という意味であり，困難な状況に一緒に立ち向かい，子どもの味方として役に立つようなかかわり方です。つまりBeing-Forは，教師やカウンセラーが，子どもの学校生活に関して具体的に援助する活動です。Being-Forでは「援助者と子ども＝私たち」に焦点があたり，子どもが「私は一人ではない」と感じることが期待されます。このような味方としてのかかわりは，4種類のサポート（情緒的サポート，情報的サポート，評価的サポート，道具的サポート）で考えるとわかりやすいです（P.44コラム9参照）

③Being-With：人間としてかかわる　＜共に生きる＞

　援助者が，自分も一人の人間として子どもにかかわることがあります。Being-Withとは「Being-With You」であり，「あなたと私が一人の人間として共に生きる」という意味です。つまり，「あなたにはあなたの考え（生き方）があり，私にも私の考え（生き方）がある」と互いの存在を強く意識した，「あなたと私」という感覚です。具体的には，子どもに対する自己開示，自己主張，対決などが含まれます。援助者がBeing-Withを行うことで，子どもは異なる者の存在をあらためて意識し，援助者との人間関係を新鮮に感じるのです。

6 援助シートを利用して自分で始めよう

　右ページの表は，担任の先生が，学級の子どもたちに対してどんな援助ができるかを３段階の援助サービス（第１章P. 12参照）に分けて整理したものです。援助シートやアンケートシートをどのように活用できるかも，あわせて整理してあります。

　そして著者らの願いは，それぞれの先生が始めた援助が，学校全体としての援助サービスにまで発展していくことです。学校全体で取りくむ援助サービスの例は表3（第7章P. 92参照）に紹介してあります。

　援助シートをきっかけにして，学校の援助サービスを向上させるシステムがつくられていくことを期待しています。

コラム 15　チーム援助がむずかしい理由

　「子どもの援助をチームでやることはわかるけど，でもむずかしい」という声を聞きます。その理由を考えてみましょう。

　むずかしい理由の一つは，学校の先生やスクールカウンセラーが受けてきた教育や訓練にあると思います。先生方は，大学の教職課程や現職研修を通して，「授業がうまくいくかどうかは，先生の熱意と技量にかかっている」「学級がうまくいくかどうかは，担任の力しだい」と，繰り返し言われているようです。

　スクールカウンセラーも同様です。カウンセラーは，基礎訓練として，１対１の面接の訓練を受けます。「面接の場面では，相談者（クライエント）のかかわりや相談者への援助の質を決定するのは，カウンセラーの態度と技量だ」と強調されがちです。私は大学院生の時，「面接実習」という科目の最後に，担当のスーパーバイザーから「これから頼りになるのは，あなただけですよ」と言われたことが忘れられません。私は学校心理学でチーム援助の教育を十分に受けたので，チーム援助に対しての抵抗はもたずにすみましたが，カウンセラーはすべてのことを１人で引き受けなくてはならないと強く思いこんでしまう人も多いでしょう。

　だれかと一緒にひとつのものを作る……私たちが子どもに教えている「協力，協働」は，ひょっとしたら，私たち教育関係者にとって，学習不足の科目かもしれません。

　もう一つの理由は，仕事のオンとオフの切り替えです。学校の先生もスクールカウンセラーも大変忙しく働いています。日々の仕事で，どこで自分をオンにして緊張と集中を維持し，どこでオフにするかは，大きな課題です。

　先生は授業や特別活動で，またカウンセラーは面接場面で気持ちのチャンネルがオンになります。いっぽう，他の援助者との話し合いや連絡については，気持ちのチャンネルがオフのままでする傾向があります。例えば，子どもの苦戦に関して保護者へする連絡が「雑用」になってしまったり，話し合い場面でいねむりしてしまったり，ということがあるのです。

　援助チームの話し合いや活動は，自分の仕事の中核のひとつとして，オンで望みたいですね。

❧ 学級の児童生徒に対する援助サービスの例 ❧
~担任を中心として~

1 すべての子どもへの一次的援助サービス

例：入学時の学級適応，学習スキル・対人関係スキルの育成 など

KeyWord 学級生活を充実させる援助

①子どもの得意なこと，趣味，および仲のよい友人関係を知る。 アンケートシート児童生徒版

②子どものふだんの様子を知る。 SOSチェックリスト※

③対人関係スキル向上のためのゲームなどを工夫する。

④充実した学級生活へのガイダンスを盛り込んだ学級だよりの発行。

⑤充実した学級生活を促進するための保護者への啓発活動（保護者会など）。

アンケートシート保護者版 ・ アンケートシート保護者振り返り版

2 学校生活で苦戦し始めた子どもへの二次的援助サービス

例：登校しぶり・学習意欲の低下に関する援助 など

KeyWord SOSへの援助 サインの発見と職員間の連携

①休み時間や授業中の行動観察から，ふだんの様子と違うところに注目する。 SOSチェックリスト

②定期的な悩みアンケートなどで早期発見につとめる。 アンケートシート児童生徒版

③定期的な教育相談（二者面談・保護者面談など）の実施。 援助チームシート ・ 援助資源チェックシート

④子どもへの声かけと呼びかけ面接。

　→変わった様子があった場合は，見守って子どもの成長を待つか，介入するかを判断する

⑤気になる子どもの保護者との話し合い。 援助チームシート ・ 援助資源チェックシート

⑥保健室をよく利用する子どもについての情報交換と援助。 援助チームシート ・ 援助資源チェックシート

　→養護教諭・学年主任・教育相談担当・生徒指導担当・スクールカウンセラーなどとの連携

3 大きな援助ニーズをもつ子どもへの三次的援助サービス

例：不登校・いじめ・ＬＤ（学習障害）・非行 などに関する援助

KeyWord 特別の援助 担任・保護者・スクールカウンセラー・関係機関との連携

①情報の収集とまとめを行う。 援助チームシート ・ 援助資源チェックシート

②（コーディネーターとの共通理解のもと）援助チームの一員として，子どもへのチーム援助を行う。

③子どもの学校生活での主たる場所が相談室・保健室である場合の，サポート態勢の充実を図りながら，援助案にそって担任としてできることを行う。

※ＳＯＳチェックリストについてはＰ.１５２を参照。

表1 学級の児童生徒に対する援助サービス

6 援助シートを利用して自分で始めよう

2 保護者のシート活用法

　保護者という役割は，なかなか大変です。「親はこうあるべきだ」という本はあっても，子どもの援助を具体的に進めるための道具はなかなかありません。ぜひ，援助シートを活用して，子どもに対する日々の援助に役立ててもらえればと思います（表2参照）。

　保護者用のシートとしては，「アンケートシート・保護者版」と「アンケートシート・保護者振り返り版」を紹介しました。ここでは，それに「援助チームシート」と「援助資源チェックシート」を加えて，保護者の活用法をまとめてみたいと思います。

「子ども」「子どもへのかかわり」についての情報整理として

　保護者は自分の子どもについて，得意なことや趣味，仲のいい友達などを知っていることと思います。でも，これらの情報は，子どもの成長とともに変わっていくものです。ですから，「アンケートシート・保護者版」（P.64）を活用して，子どもの成長の節目節目に，子どもの情報について整理し直すようにするとよいと思います。とくに子どもが，小学校，中学校，高校などに入学したときは大きな節目です。また学年が変わる4月1日，子どもの誕生日など，日を決めて，シートに記入していくのもよい方法だと思います。

　それから，子どもが学校生活で苦戦し始めたとき，大きな問題をもったときも，このアンケートを活用して，子どものいいところと気になっているところを整理しましょう。

「自分自身」についての情報整理として

　「アンケート・保護者振り返り版」（P.67）を活用して，保護者自身が自分のいいところ，自分で気になっているところ，自分の援助資源（サポーター）についても，ときには整理してみるとよいでしょう。自分の誕生日は一つのチャンスです。自分にはこんなにいいところがあったのだと気づくかもしれません。自分のいいところは，仕事や家事をしているときにふと思い浮かぶこともあります。また，自分のことで気になっていることについては，だれかに話してみましょう。自分の援助資源もおおいに活用しましょう。

　もし記入していてちょっぴりつらくなったら，おいしいものを食べたり，会うと元気になる人に会ったり，母の日に子どもがくれた「お母さんありがとう」のカードなど，見ると元気になる"元気グッズ"を見たりして，自分をいたわってください。

❧ 自分の子どもに対するかかわりの例 ❧

1　日ごろのかかわり

例：入学時や進級時の，学級や学校生活への折り合い　など

KeyWord　学校生活を充実させる援助

①子どもの得意なこと，趣味，および仲のよい友人関係を知る。

$\boxed{\text{アンケートシート保護者版}}$・$\boxed{\text{アンケートシート保護者振り返り版}}$

②子どものふだんの様子を知る。
③子どもが家庭でゆったりすごせるように工夫する。
④子どもの力が伸びるような家庭での行事を計画する。

2　学校生活で苦戦し始めたときのかかわり

例：登校しぶり・学習意欲の低下　など

KeyWord　SOSへの援助　　サインの発見と学校との連携

①家庭での様子（とくに食事・睡眠，宿題や遊び）を観察をして，ふだんとの違いに注目する。

$\boxed{\text{アンケートシート保護者版}}$・$\boxed{\text{アンケートシート保護者振り返り版}}$

②機会をみて子どもと話してみる。
　→見守って子どもの成長を待つか，積極的に援助するかを判断する
③家族に相談する。$\boxed{\text{援助チームシート}}$・$\boxed{\text{援助資源チェックシート}}$
④必要に応じて学級担任に相談する。$\boxed{\text{援助チームシート}}$・$\boxed{\text{援助資源チェックシート}}$
⑤定期的な教育相談（二者面談・保護者面談）を活用する。$\boxed{\text{援助チームシート}}$・$\boxed{\text{援助資源チェックシート}}$

3　大きな援助ニーズをもつときのかかわり

例：不登校・いじめ・LD（学習障害）・非行　など

KeyWord　特別の援助　　担任・保護者・スクールカウンセラー・関係機関との連携

①家庭での様子の観察と，その情報の整理。

$\boxed{\text{アンケートシート保護者版}}$・$\boxed{\text{アンケートシート保護者振り返り版}}$

②援助チームに参加して，子どもの苦戦に関する情報収集とまとめを学校と一緒に行う。
　学校でしてもらえることを検討し，その担当者を知る。また家庭でできることを決定する。
　次回から連絡する際の担当者を知る。$\boxed{\text{援助チームシート}}$・$\boxed{\text{援助資源チェックシート}}$
③学校で個別の相談が開始された場合は，それに参加する。
④学校外でも積極的に専門機関の援助を受ける。知人・隣人・親戚などの援助も活用する。
⑤必要に応じて，親の会などに参加する。

表2　保護者の自分の子どもに対するかかわり

6 援助シートを利用して自分で始めよう

担任との面談資料，援助チームの話し合いの資料として

　子どもが苦戦しているとき，保護者と担任の面談は，いつも以上に重要です。そんなとき，「援助チームシート」と「援助資源チェックシート」に，保護者が自分でわかるところを記入して持参すると，面談のときの資料にすることができます。

　全部書くのはむずかしくても，援助チームシートの「情報のまとめ」のところでいくつか書けるのではないでしょうか。「援助方針」も保護者の希望として書いていくといいと思いますが，それがためらわれる場合には，案として考えていくだけでもOKです。「援助案」については，保護者としてできることを記入するといいと思います。「援助資源チェックシート」についても，地域の援助資源など，保護者が知っている資源を記入するといいですね。担任の先生は，子どもについての情報や，子どもの援助についての考え方を保護者から聞くことを望んでいます。面談の時間はとても限られているので，これらのシートを活用することは大変有効です。

　そして何より，担任の先生は，子どもの教育へ対する保護者の熱意と協力の姿勢を感じてくれると思います。学校の先生は一生懸命子どもの教育に当たっていますが，保護者の子育ての姿については見えにくいこともあります。また，子どもの情報を保護者とどのくらい共有できているのか，保護者にどこまで協力を求めていいのか，迷っているときもあります。ですからこれらのシートは，担任の先生と保護者の「気持ちと情報」を結ぶ橋になります。

　さらに，担任，教育相談担当などの先生方と会って，子どもの援助についての話し合いを進めるときにも，「援助チームシート」と「援助資源チェックシート」が有効な道具になります。援助チームの話し合いでは，これらのシートを協力して作成することが主になります。そこで，保護者が持参したシートを提供すると，話し合いの進行がスムースになります。保護者自身にとっても，子どもの情報を前もって整理できるので，話し合いに望む気持ちが楽になるでしょう。

　保護者は，「自分の子どもの専門家」です。子どもについての情報を生かし，自分の力を生かし，学校や地域の援助資源をなりふりかまわず活用して，子どもの成長を援助しましょう。

シートを使ってみた保護者の声

　実際に援助シートを活用している保護者の声を紹介します。

① 「子どものいいところが確認でき，子どもについてよく知らないことがわかりました」

　子どもの「いいところ」については，保護者でもすぐ書けないことがあります。でも，援助シートを埋めるために，子どもの得意なことやストレス対処法について，自分に少し強制して書い

てみるようにすると，多くの発見をすることができます。

②「自分の強いところがわかりました」

　ある保護者は，保護者版と保護者版振り返り版を記入してみて，「こんなふうに自分について振り返ったのは初めてだ」と言いました。そして，「自分も頑張れる」と思ったそうです。保護者だって頑張っているのです。シートへの記入を通して，自分流の援助をしていることを発見し，元気を出すことができます。

③「何回か書くうちに，子どもの成長がわかってうれしくなりました」

　ある保護者は，子どもの登校しぶりをめぐって，担任と養護教諭と話し合いを続けていました。そして「援助チームシート」と「援助資源チェックシート」のことを知り，自分で記入してみました。記入したシートは資料として持参したので，話し合いはスムースに進みました。

　さらに保護者がうれしかったのは，3回目の話し合いのために「援助チームシート」に記入していたときのことです。援助方針の欄が，「保護者や担任との信頼関係を回復する」（1回目）から，「学校生活を落ち着いて行う」（2回目）になり，「算数・国語の基礎的な力をつける」（3回目）に変わっていることを発見し，子どもの成長を実感しました。1，2回目のシートを見返しながら，3回目のシートに記入するときには涙がこぼれ，体中が軽くなったそうです。話し合いのときに，先生方と子どもの成長を一緒に喜んだのは，言うまでもありません。

　また，ある保護者はLD（学習障害）のある子どもについてシートを記入しています。子どもの学校生活は苦戦の連続で，十分な変化が見られません。でも「援助資源チェックシート」に，援助者（サポーター）が毎回増えていくのを見て，少しずつ心が楽になってきたといいます。「この子はこんなに多くの人に支えてもらって，幸運だよね」と言います。

　援助者の視点が増えることで，子どもの成長の可能性は大きくなりますし，子どもの成長を見つけるチャンスも増えると思います。もちろん，援助チームでの援助が，いつも思いどおりいくとは限りません。でも，子どもの状況を把握していること，自分以外にも何人かの援助資源がいるという事実は，保護者をはじめとする援助者を支えてくれます。

第7章 援助シートを利用してチームで始めよう

本章の位置

　第7章からは，自分以外の援助者につなげて，チームで援助していく方法について述べます。
　この第7章で述べる「横のチームプレイ」とは，これまでに述べてきた「チーム援助」のことです。その子どもにかかわる援助者がチームを組んで話し合い，援助のための作戦を立てて実行します。次ページのタロウ君の例から，チーム援助のイメージをつかんでいただければと思います。

　タロウ君の例のように，苦戦している子どもを中心として，担任の先生や保護者やスクールカウンセラーが一緒に話し合うことは，学校の日常のなかで行われていることだと思います。つまり，チーム援助は何も特別なことではなく，学校のなかでふだん行われていることだということに，気づいていただけるのではないでしょうか。そして，チーム援助を少し意識的に行うことで，子どもへの援助をレベルアップしましょう（P. 92表3参照）。
　また，子どもが自分から参加して，担任の先生や親やスクールカウンセラーらと一緒にチームで話し合うこともあります（第9章の事例1，事例5参照）。子ども自身の希望を直に聞くことができるので，子どもの気持ちに合った援助案をつくることが期待できます。チーム援助には，子どもが参加できるという視点もあることを，つけ加えたいと思います。

●学校を休んでいるタロウ君を援助したチームの例（架空）●

　タロウ君は小学校6年生になってから，ずっと学校を休んでいます。新しく担任になったキムラ先生は，始業式からタロウ君が休んでいるので，タロウ君がどんな子どもかわかりません。そこで家庭訪問をしてみると，タロウ君と会うことができました。キムラ先生は喜んだのですが，何を話していいのかわからなくなり，修学旅行の話題を出してみました。タロウ君はとたんに下を向いてしまい，会話が続かず間がもたなくなってしまいました。

　そんなことが2，3回続いたある日，キムラ先生はこのままだとタロウ君と会えなくなりそうな気がしてスクールカウンセラーに相談しました。これまでにタロウ君のお母さんと面接をしていたスクールカウンセラーは，タロウ君のお母さんとキムラ先生とスクールカウンセラーの3人で話し合うことを提案しました。

　1回目の話し合いでは，おもにキムラ先生とタロウ君の心のチャンネルを合わせ，話題を見つけることがテーマとなりました。そこでキムラ先生は，「学校のことを話してはダメだとすると，話すことがありません。かといって学校のことを話すとタロウ君は口をつぐんでしまって間がもたないし，タロウ君に拒否されそう」と，気持ちを素直に話しました。そしてお母さんに，タロウ君の趣味やいまはまっていることを聞いてみました。するとお母さんは，「家庭訪問に来てくれてありがたい。ぜひタロウの好きな昆虫について話を聞いてやってほしい」とキムラ先生に話しました。キムラ先生はそれを聞いて大変安心し，タロウ君に昆虫について聞いてみることにしました。キムラ先生は，タロウ君に学校のことを伝えないと保護者にも悪いと思っていたので，その点でもとても気が楽になりました。

　次に家庭訪問に行った時，キムラ先生はタロウ君に昆虫では何が好きか聞いてみました。すると，タロウ君はニコニコして昆虫について語り出しました。あれほど口をつぐんでいたのに，昆虫のこととなると止まらないタロウ君の話を，今度はキムラ先生はゆったりとした気持ちで聞くことができ，キムラ先生とタロウ君の関係は急速に近づきました。それから，お母さんとスクールカウンセラーがもっている週1回の面接のほかに，お母さんとキムラ先生とスクールカウンセラーで，月に1回程度の話し合いをもつことにしました。

　話し合いでは，タロウ君の変化や，家族がタロウ君に接していてうまくいったことやいかなかったことが，お母さんから話題に出され，キムラ先生からも家庭訪問でのタロウ君の様子が話されました。そして，次の話し合いまでに，3人がそれぞれ何をするかについて具体的に話し合いました。

　その後はしだいに，タロウ君の方からキムラ先生に学校のことについて聞いてくるようになりました。学期が変わってから，タロウ君は少しずつ登校できるようになりました。

7 援助シートを利用してチームで始めよう

1 子ども一人ずつの支援隊をつくろう！

コア援助チームとは

　援助チームの基本的なメンバーは，担任の先生，保護者，コーディネーター（教育相談担当，学年主任，生徒指導担当，養護教諭，特別支援教育担当もしくはスクールカウンセラーなど）です。原則としてこの3者が，援助チームのメンバーの核（コア）となります。

　そこで，この3者からなる援助チームのことをとくに，「コア援助チーム」と呼びます（田村，1998，2003）。子どもの状況に応じて，すぐに組むことができる最小限のチームです。構成員が少数のため，活動のしやすさ，チームとしての成熟，情報の守秘等の点でも機能的です。

コア援助チーム ＝ 担任 ＋ 保護者 ＋ コーディネーター

　コア援助チームは，苦戦している子ども一人ひとりに対してつくられるチームですから，「子ども一人ずつの支援隊」ということができます（図2の1）。したがって，校内には援助を受ける子どもの数だけコア援助チームができることになります。コア援助チームは，子どもが必要としている援助の大きさや緊急の度合いなどによって，拡大援助チームやネットワーク型援助チームに発展することもあります（図2の2，3）。

　ネットワーク型援助チームでは，学校内での情報や援助資源のコーディネーションを行う機能と，学校外での援助も含めた地域でのコーディネーションを行う機能の2つが必要です。同一のコーディネーターが校内と地域でのコーディネーションの両方を行う場合もありますし，それぞれに別のコーディネーターが協力して行う場合もあります。

　保護者が精神的にひどく落ち込んでいる時，子どもが自傷行為や暴力行為などをして危機介入の必要があるときなどは，コーディネーターのもつネットワークが欠かせません。校外の援助資源を多く書き込むには，援助資源チェックシート・ネットワーク版（P.154）が便利です。コーディネーターは日頃からネットワークを築いておくことを心がけておきます（P.55コラム11参照）。

---

①援助チームの目的
　学校生活（学習面，心理・社会面，進路面，健康面）における，子どもの問題の解決の援助と発達の促進を，複数の援助者で行う。
②援助チームの活動内容
　子どもの援助ニーズ，および自助資源（強いところや潜在能力など）と援助資源を把握する。このアセスメントに基づいて，援助チームで実行可能な援助の案をつくり，実施する。
③援助チームの構成員
　担任，保護者，コーディネーターを核として，必要に応じて他の先生や援助者が加わる。

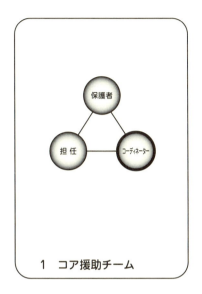
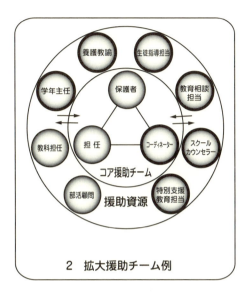
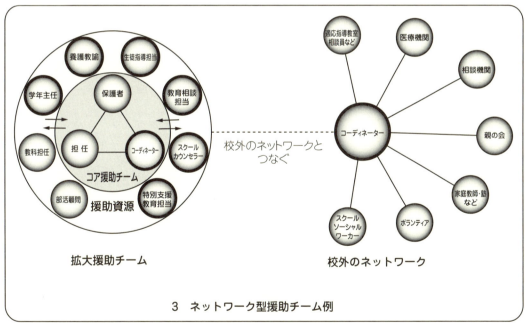

注：太丸の援助者がコーディネーターになりうる。

図2　コア援助チームを内包する援助チームの3タイプ（田村，2001を改訂）

7 援助シートを利用してチームで始めよう

①援助チームのメンバーは3人だけ？

担任の先生・保護者・コーディネーターの3者は，チームの核になって援助をリードしていきます。これらは，その子どもをよく知っている，ないしは知る必要のある立場の人たちです。援助の過程で他の人のサポートも必要になった時は，援助資源チェックシートで人材を探します。そして援助に加わってもらえるよう，この3者が働きかけます。

②コア援助チームには保護者にも加わってもらおう

保護者は最も強力な子どものサポーターです。なぜなら保護者は，子どもの様子をよく知る「自分の子どもの専門家」だからです。可能なかぎり，話し合いは保護者と一緒にもちます。

保護者は，コア援助チームのなかでは，学校と家庭の接点に位置づけられます（図3参照）。学校では援助チームの話し合いに参加し，それをもとに家庭で他の家族や子どもにかかわります。

つまり，子どもとともに学校からサポートを受けると同時に，自分の子どもへは援助者としてかかわるという2つの役割をもつのです。

保護者が子どもへのかかわりに自信がもてない場合，保護者からの希望があれば，援助チームでの話し合いとは別に保護者

図3 保護者を問題解決における
パートナーとする位置づけ
（田村，1998を改訂）

に対する個別面接（コンサルテーションやカウンセリング）を行います。また，虐待などの疑いがある場合は保護者の協力が得られにくいこともあるので，民生委員・主任児童員など，児童相談所や福祉関係者との連携が必要な場合も少なくありません。

③スクールカウンセラーを取り込もう

スクールカウンセラーは，保護者や子どもの目から見ると，学習や行動について評価しない立場であり，学校外の人間であるという安心感があります。またスクールカウンセラーには，それぞれ得意な援助の分野があります。保護者の面接が得意な人，心理テストの得意な人などそれぞれです。そこで，スクールカウンセラーをコア援助チームに取り込み，それを発揮できるように役割分担するとよいでしょう。

子どもへの援助の流れ（例）

```
┌─────────────────────────┐   ┌─────────────────────────┐
│ 子ども・保護者からの援助依頼 │   │ 担任などが気になる子どもを発見 │
└─────────────────────────┘   └─────────────────────────┘
              ↓                             ↓

┌────────────────────────────────────────────────────┐
│ 援助チームシート・援助資源チェックシートで情報を     │
│ 収集し，この時点での援助方針と役割分担を行う。       │
│ （担任が自分だけで）or（担任と相談関係者が一緒に）   │
└────────────────────────────────────────────────────┘
              ↓

┌────────────────────────────────────────────────────┐
│ 子どもへの援助開始（および保護者の面接）             │
└────────────────────────────────────────────────────┘
              ↓
```

（援助チーム）

- ①担任
- ②保護者
- ③コーディネーター
- ④他教職員

※必要に応じて他機関と連携

- 子どもへの援助・保護者の面接（必要に応じて）

並行して

- 援助チームでの話し合い

援助チームシート・援助資源チェックシートの
援助方針や役割分担の修正をしながら
子どもへの援助を継続していく

図4　子どもへの援助の流れ

コーディネーターとは

　援助チームのメンバーには，「コーディネーター」という人が含まれています。このコーディネーターとは，人と人とをつないで援助チームをつくる役割の人のことです。援助チームを組むのに欠かせない機能を担います。そこで，援助対象の子どもや親をよく知る教育相談担当・学年主任・生徒指導担当・養護教諭・特別支援教育担当・スクールカウンセラーなどがコーディネーター役を担います。

　コア援助チームは，子ども一人ひとりの支援隊としてつくられるので，コーディネーターもコア援助チームごとに異なる場合があります。

　コーディネーターの役割は，次のとおりです。

①援助チームでの話し合いを行うタイミングを見極める。

　話し合いは，早期に設定したほうがいい場合と，あせらずに慎重に時期を見極めたほうがいい場合があります。とくに，保護者や子どもの心情に配慮して考えます。

②それぞれの援助者のもち味を生かす。

　それぞれの援助者のもち味が，援助案に反映できるように配慮します。そのために，チームのなかに，上下の関係ではなく横の関係で話せる雰囲気（相互コンサルテーション，P.88コラム16参照）をつくります。

③話し合いのなかで，司会者の役割を担う。

　話し合いにおいて，時間と内容の管理をします。話し合いの目的を明確にし，検討事項に優先順位をつけ，情報収集から具体的な援助案の検討・決定に流れるよう話し合いをリードします。

④連絡について確認する。

　さまざまな連絡が正しく伝わっているかどうかを確認します。伝わらない場合には，そのことを取り上げて話題にすると，校内や家庭内のコミュニケーションの問題に気づくきっかけになることもあります。

コア援助チームをコーディネートする時期

　援助チームを組む際には，とくに保護者の心情に配慮してタイミングを見極めます。また，いきなりチームにするのではなく，話し合いの目的や内容の打ち合わせを参加者と確認しておくなどの下準備も大切です。

（1）早めにコーディネートすることが望ましいとき

　現在の状況が，子どもの援助ニーズを大きく満たしていない場合には，早めに援助チームをコーディネートします。

①進路面や学習面など現実場面で，子どもが大きい不安をもっているとき

②学校側の援助方針が，子どもや保護者のニーズに合っていないとき

③保護者と先生が，子どもの状況について急いで共通理解を図る必要があるとき

（2）あせらず慎重にコーディネートすることが望ましいとき

　学校に対する保護者の心理的な抵抗が大きい場合や，保護者自身への個人的な援助ニーズが大きい場合は，あせらずにじっくり時間をかけてコーディネートしたほうがいいでしょう。

①保護者が，「子どもが迷惑をかけている」という罪悪感を大きく抱いているとき

②両親で参加することに対して，一方の親が抵抗を示しているとき

③心配や混乱のために，保護者自身の心労が大きいとき（不眠や意欲喪失など）

④保護者が自分の個人面接のみを強く望むとき

　このような場合には，保護者が安心して援助チームに加われるよう，次のような話し合いを重ねて不安の解消をはかります。

（a）わが子が苦戦していることで，先生方とは対等な立場になれないという気持ちを十分に受け止めます。ほかのメンバーにも保護者の心情を理解してもらい，保護者が話し合いに安心感をもって臨めるようにします。

（b）家庭内のコミュニケーションが滞っていたり，親としての能力を疑われるのではないかと不安に思っていたり，家族に関する他の問題が明るみに出ることを恐れている場合には，チームで話し合いたいことの具体的な内容を事前に伝えます。さらに，話題にしてほしくないことを事前に聞いておくなどして，保護者の不安を取り除きます。

（c）家庭の事情に子どもの問題が加わり，ストレスで心身の疲労が増している場合などは，保護者自身の援助ニーズが高いといえます。その場合は，複数のメンバーと接して話し合うという緊張が，保護者の大きな負担になることを十分に配慮します。

（d）保護者が個人面接だけを強く望む場合には，その理由について十分に耳を傾けます。援助者の言葉に傷つけられたことがあり，援助に対して不信感をもっている場合には，その気持ちを受け止めながら新たな信頼感を築くことを第一にします。そのなかで，チームで話し合うことの目的にも触れ，その効用を十分説明しながら同意が得られるのを待ちます。

　保護者を加えた話し合いにおいてとくに大事なことは，保護者と先生が上下の関係ではなく，

7 援助シートを利用してチームで始めよう

横の関係で話せる雰囲気づくりです。「これならできそうだ」「それはちょっと今はできません」「学校でこうしてください」など，保護者が何でも言える雰囲気がポイントです。

また，担任の先生がチームで話し合うことに，抵抗をもつ場合もあるかもしれません。

①自分の力だけで援助したい気持ちが強いとき（クラスの子どものことは自分の責任）

②自分の力量を問われるように感じているとき

このような場合には，下記のようにチーム援助への不安を解消することを心がけます。

(a) 担任の先生に，援助チームで行う活動内容について明確に伝えます。そして，学級経営に立ち入らないことや，お互いの意見を尊重することを伝えます。また，お互いに協力して子どもの援助に当たるための「作戦会議」であることを強調します。

(b) 担任の先生が今行っていることの中から，いいところをフィードバックします。機会があるごとに子どもの変化や成長を援助サービスの視点から伝え，連携のタイミングを待ちます。

このように保護者や担任の先生の心情へ細やかな配慮を行うことは，子どもを大切にすることにも通じます。チーム援助に欠かせない大切な姿勢です。

コラム 16 コンサルテーションと相互コンサルテーション

「コンサルテーション」とは，スクールカウンセラーや教育相談担当など（援助サービスや学校心理学の専門家）が，担任の先生や保護者が子どもの学校生活における問題状況をよりよく理解して援助できるよう働きかけることをいいます。コンサルテーションを提供する側はコンサルタント，コンサルテーションを受ける側はコンサルティです。

コンサルテーションの目的は，①コンサルティ（先生や保護者）が子どもの問題をよりよく解決できるよう援助すること，②コンサルティの援助能力を高めることです。コンサルテーションでは，コンサルティの職業や役割に関する問題を主として扱い，個人的な問題は取り扱いません。したがってコンサルテーションにおいては，お互いの鎧（立場や経験）を尊重して，横の関係で話し合います。

学校では，コンサルテーションの過程が，コンサルタントとコンサルティの間で双方向で行われます。例えば，担任の先生が学級で子どもをどう援助するかについては，スクールカウンセラーがコンサルタントになります。いっぽう，スクールカウンセラーが相談室で子どもをどう援助するかについては，先生や保護者がコンサルタントになり，スクールカウンセラーがコンサルティになります。

学校心理学では，この双方向のコンサルテーションを「相互コンサルテーション」（石隈,1999；田村,1998）と呼んでいます。このような相互コンサルテーションの関係においては，子どもの学校生活における情報を整理し，援助案を立てるための援助シートが役立ちます。

コア援助チームができるまで

　コア援助チームのでき方には，コーディネーター中心型と委員会始動型があります。

（1）コーディネーター中心型

　コーディネーターが中心になって，援助者をつないでコア援助チームをつくる場合です。以下に，その手順を説明します。

①担任と保護者が話し合う

　苦戦している子どもの状況について，担任の先生と保護者が話し合います。その結果をもとに，担任と保護者は，学校と家庭で子どもへのかかわり方を工夫します。担任と保護者だけでは解決が難しいと判断した場合は，次のステップに行きます。

②コーディネーターに相談する

　担任の先生は教育相談担当などのコーディネーターに相談します。コーディネーターは担任の先生から詳しく状況を聞きます。さらに，前担任の先生や生徒指導担当などからも情報を収集します。さまざまな立場の先生から情報を得ることは，子どもの意外な一面や援助資源を見つけることにもつながります。コーディネーターが中心となってこの段階から始める場合もあります。

③コーディネーターが保護者と面接する

　②と並行して，コーディネーターは保護者と子どもの援助ニーズを把握します。そのために保護者と面談をして，今，子どもが苦戦している状況を把握します。

④コーディネーターによるアセスメントと判断

　コーディネーターは担任などと相談しながら，ここまでに得られた情報を総合して，コア援助チームづくりのタイミングなどを検討します。保護者や子どもとの個別面接（カウンセリング）へのニーズについても検討します。

⑤コア援助チームの形成と話し合いの設定

　コーディネーターは得られた情報をもとに，担任・保護者・コーディネーターによるコア援助チームでの話し合いを設定します。コア援助チームでは，保護者を含めた援助者が，子どもにどうかかわっていったらよいかについて，具体的で小さな援助案を話し合います。保護者や子どもとの個別面接（カウンセリング）が必要な時には，コア援助チームでの話し合いとは別に並行して行います。

7 援助シートを利用してチームで始めよう

(2) 委員会始動型（第9章事例5：タケシの学習の苦戦に関する援助参照）

「委員会」とは，管理職，教育相談担当，養護教諭，特別支援教育担当，スクールカウンセラーなどから構成され，学校や学年レベルで，援助サービスについて検討し，援助サービスのコーディネーションを行う組織のことです（石隈，1999）。例えば，教育相談部会，生徒指導部会，学年部会などで，具体的に子どもの援助について話し合うなかから，コア援助チームの形成について提案されたり，コア援助チームの活動が促進される場合があります。このような例では，教育相談部会，生徒指導部会，学年部会などが，援助サービスのコーディネーションを行う「委員会」の機能をもっているといえます（コラム17参照）。

①担任と保護者が話し合う

苦戦している子どもの状況について，担任の先生と保護者が話し合います。その結果をもとに，担任と保護者は，学校と家庭で，子どもへのかかわりを工夫します。

担任と保護者だけでは，子どもに十分な援助ができないと判断した場合，次のステップに行きます。

②その子どもの状況について，「委員会」の代表，または窓口の先生に相談する

担任の先生は「委員会」などの代表・窓口の先生に相談します。そこでとりあえずの対応を検討しながら，委員会で取り上げる準備（例：資料整理，保護者との情報交換）をします。

③「委員会」や学年会で，その子どもの苦戦についてとりあげる

委員会や学年会で，その子どもの苦戦について情報交換し，今後の方針について検討します（その際にも，援助チームシート，援助資源チェックシートが活用できます）。そこで，さらに必要な情報をどう収集するか（例：ＬＤ（学習障害）に関して，専門家に知能検査を依頼する）を判断するとともに，その子どもについてのコア援助チームを形成するかどうかを検討します。例えば「担任の先生と保護者だけだと大変だから，特別支援教育担当の先生にも入ってもらって，3人のチームで援助したらどうですか」などの提案が出ます。この段階で，コア援助チームが形成されることになります。

④コア援助チームの話し合いの設定

コア援助チームのコーディネーター（例：特別支援教育担当）が，担任と保護者の3人での話し合いを設定します。そこで，子どもについての個別の援助案を作成します。

第3章では，軽度の発達障害（ＬＤ，ＡＤＨＤなど）について紹介しました。軽度の発達障害のある子どもへの援助サービスについては，特別支援教育担当者が配置されることもあり，これ

から整備が進んでいくと思います。その際，個別の教育計画を作成して実施する「(コア) 援助チーム」の機能，学校レベルで子どもの援助サービスのコーディネーションを行う「校内委員会」の機能，発達障害の判断と援助について専門的に助言する「専門家チーム」の機能が，相互に連携できることが重要です（LD（学習障害）のある子どもに関する委員会は，「校内委員会」と呼ばれて，その活用が提唱されています）。

コラム17　学校で行う援助サービスのシステム

　学校心理学では，学校で行う援助サービスのシステムについて，3つのレベルで説明しています（石隈，1999）。

①援助サービスのマネジメント

　援助サービスのマネジメントとは，学校として子どもへの援助サービスをどのように行っていくか意志決定をし，援助サービスの管理・運営をすることです。

　管理職が援助サービスのマネジメントを行いますが，校長，教頭，教務主任，生徒指導主事，保健主事などからなる「運営委員会」もマネジメントの機能をもちます。運営委員会では，学校の子どもたちの援助ニーズと，教職員や地域の資源を明確にしながら，援助サービスの目標や援助サービスの内容（例：学校行事，スクールカウンセラーの活用，校務分掌）などについて話し合います。

②学校・学年レベルでの援助サービスのコーディネーション

　コーディネーションとは，子どもの苦戦している状況について検討し，援助方針と学校内外の援助者の活用について検討し，援助者と援助者の連携の促進，援助者間の情報の伝達，援助サービスの連携を行うことで援助サービスを充実させることです。このコーディネーションには，「学校・学年レベル」と「援助チームレベル」があります。後者については③で説明します。

　学校・学年レベルのコーディネーションの機能をもつ組織は，「援助コーディネーション委員会」と呼ぶことができます。教育相談担当，スクールカウンセラー，養護教諭，特別支援教育担当などの援助サービスのリーダーと，管理職から成ります。この委員会では，学校や学年における援助サービスの問題（例：相談室の利用）や特定の子どもの問題への対応について話し合います。

　学校によっては，教育相談部会，生徒指導部会，不登校対策委員会などが，援助コーディネーション委員会の機能を果たしていると思われます。また学年部会も，コーディネーション委員会の機能を含むと言えます。

③援助チームにおけるコーディネーション

　特定の子どもに対する援助チームのコーディネーションを行うレベルで，おもに本書で取り上げているものです。この場合のコーディネーションには，担任と保護者など援助者の連携の促進，子どもの状況に関するアセスメントのまとめ，援助サービスの方針の決定などが含まれます。

7 援助シートを利用してチームで始めよう

❧ 全校・学年レベルでの児童生徒に対する援助サービスの例 ❧
～学校全体での取り組みを中心として～

1　すべての子どもへの一次的援助サービス

例：入学時の学校適応感，学習スキル・対人関係のスキルの育成　など

KeyWord　開発的・予防的援助

①すべての子の得意なところ，趣味，および仲のいい友人関係を知る。 アンケートシート児童生徒版

②対人関係スキル向上のため構成的グループエンカウンターの年間計画を立てて行う。

③ピアカウンセリングに発展するような基盤づくりとして，児童生徒会活動を位置づける。

④充実した学校生活へのガイダンスとして，相談室だよりを各学期に発行する。

⑤充実した学校生活の促進についての保護者への啓発活動を行う。

アンケートシート保護者版 ・ アンケートシート保護者振り返り版

2　学校生活で苦戦し始めた子どもへの二次的援助サービス

例：登校しぶり・学習意欲の低下に関する援助　など

KeyWord　早期発見・早期援助　　サインの発見と職員間の連携

①定期的な悩みアンケートで早期発見につとめる。 アンケートシート児童生徒版

②担任や全校職員による声かけと，呼びかけ面接。

③保護者からの相談を受ける。 援助チームシート ・ 援助資源チェックシート

④保健室に集まる子どもについての情報交換と援助。 援助チームシート ・ 援助資源チェックシート

　　→養護教諭・担任・学年主任・教育相談担当・生徒指導担当・スクールカウンセラーなどの連携

⑤相談室に子ども自主来談の時間をもうける。

3　大きな援助ニーズをもつ子どもへの三次的援助サービス

例：不登校・いじめ・ＬＤ（学習障害）・非行　などに関する援助

KeyWord　特別の援助　　担任・保護者・スクールカウンセラー・関係機関との連携

①援助チームが情報の収集とまとめを行う。

　　→だれが何をするのか役割分担をする。校内で援助するのか，専門機関と連携するのかを決定する。

アンケートシート児童生徒版 ・ 援助チームシート ・ 援助資源チェックシート

②特別の援助が開始された場合は，援助にかかわる職員の共通理解の場を位置づける。

③子どもの学校生活での主たる場所が相談室・保健室などである場合のサポート態勢を充実させる。

④保護者からの要望を確認し，「相談室登校」「保健室登校」などの子どもの「保護者の会」を開く。

⑤適応指導教室などと連携する。

　　入級前の事前の話し合い／入級後の定期的な話し合い　など

表3　全校および学年レベルでの児童生徒に対する援助サービス

2 コア援助チームでの話し合いの進め方

　コア援助チームは，子どもの苦戦していることについての話し合いをもちます。つまり，どのような援助をしていくかについての「作戦会議」を行います。この話し合いの進め方には2通りあります。

　次ページから紹介するように，シートの項目にそって順に話し合っていく進め方は，構造化した話し合いと呼びます。いっぽう，シートの項目にそわずに，最近のエピソードなどを自由に聞き合う方法もあります。この場合も，話された内容に応じて，シートの該当項目に必要事項を記入していくと，子どもの自助資源，援助ニーズなどに焦点を当てることになります。このような進め方は，半構造化した話し合いと呼びます。

　半構造化の話し合いのメリットは，参加者の「とにかく話したい」という気持ちを満足させられることです。初対面の人同士の場合には，場の雰囲気が和やかになります。デメリットは，エピソードだけに終わってしまい，援助方針や援助案の立たないこともあることです。

　そこで，事前の話し合いや面談が十分に行われていない場合など，参加者の動機が低いと思われる場合には，半構造化の話し合いで話しやすい雰囲気をつくり，次回への動機づけを行ったほうがいいでしょう。そうでない場合は，初めから次ページに示すような構造化した話し合いを行います。

コラム 18 　援助チームの話し合いは「作戦会議」

　援助チームの会議は，保護者や担任の先生や養護教諭など，子どもと関係ある人たちが集まって，「みんなで一緒にいま自分たちができることを考えましょう」という姿勢で臨みます。これは，「子どもをしっかり見てください」「学校に来させるようにご両親と本人とで話し合ってください」などと先生方から保護者に一方的に要求したり，「子どもが学校へ行くように家に迎えにきて連れていってください」と保護者が学校に要求したりするという姿勢とは異なります。

　例えば，保護者，担任の先生，養護教諭，学年主任の先生の4人で集まり，休みがちなジュンコさんについて話し合ったときの一コマは，次のようなイメージになります。

担任　　　「ジュンコさんが希望している後ろの出口に近い席になるよう，明日席替えをします」

養護教諭「私はジュンコさんが保健室に来た時には，じっくり気持ちを聞きます」

学年主任「部活の顧問に，ジュンコさんが学校へ出てきた時に声をかけてくれるように話します」

保護者　　「家庭では，祖母や夫に『怠け』だと責めないように伝えます」

93

7 援助シートを利用してチームで始めよう

援助チームでの話し合いの進行例

(1) 準備

時間　　：　40分～1時間（担任の先生の空き時間や放課後を利用）

場所　　：　相談室や会議室など（人目につかない配慮が必要）

道具　　：　援助資源チェックシート，援助チームシート，筆記用具

出席者　：　担任，母親，養護教諭（コーディネーター・進行役）

(2) 話し合いの手順

手順1　必ず集まってくれたお礼を言う

「今日はお忙しいところおいでいただき，ありがとうございました」

・保護者が緊張しないように席の位置を配慮する（P. 100参照）。

手順2　話し合いの目的を言う

「それでは今日は，保健室登校をしているアリサさんについて，これからどのように援助していったらよいかを，ざっくばらんに話し合いたいと思います」

手順3　メモの許可をとる

「話し合ったことを後で確認するために，メモを取らせていただいてよろしいでしょうか」

手順4　メモを渡す人についての許可をとる

「話し合った内容はシートにまとめますので，アリサさんへの手助けに関係している方，例えば○○先生などにも，後日お渡ししてもよろしいでしょうか。また，保護者の方にもお渡ししたいと思いますが，どうなさいますか？」

・子どもに見られることを嫌って，保護者が持ち帰らない場合もある。

手順5　援助資源チェックシートを作成

「お互いに知らないことがあるかもしれませんので，最初に，アリサさんの周りにいる人で，手助けしてもらえそうな人を確認していきたいと思います。まず担任の先生のお名前から記入しましょう」

「お母さんにお聞きします。ご家族のことについて，ちょっと教えていただけますか？（父，母，祖父母，兄弟姉妹の名前や仕事や年齢・学年を記入）。ありがとうございます。家にいつもいらっしゃる方は，どなたですか？」

「担任の先生にお聞きします。アリサさんには，クラスで仲のよいお友達はいますか？　部活な

どではどうでしょう？　アリサさんが，よくお話しする先生はいらっしゃいますか？」
・他の参加者にも同様の質問をする

「お母さんにお聞きします。クラスで仲のいいお友達や，お家によく遊びに来たり，電話で話したりしているお友達を，ほかにも知っていたら教えてください。担任の先生や保健の先生以外に，アリサさんが家でよく話題に出す先生はいますか？　塾や習い事に行っているとか，家庭教師に来てもらったりということはありますか？　最後にさしつかえなければ，今回のことでかかった病院とか，今までにご相談に行かれたところがありましたら教えてください。」
・援助資源チェックシートに，わかったことを記入していく。

【援助資源チェックシート記入例】

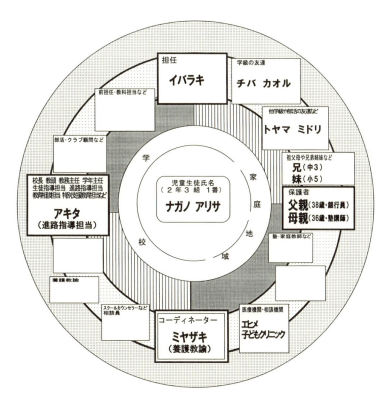

手順6　援助チームシートのA～C欄の作成

A欄　「それでは話し合いを進めていきたいと思いますが，最初にアリサさんのいいところについて確認したいと思います。担任の先生から，アリサさんの勉強面について，本人が得意な教科は何でしょうか。……お母さんはいかがでしょう」
　　　「アリサさんの性格などのいいところにはどんなことがあるでしょうか？」
　　　「進路などで，何か将来の夢のことなども含めてお話ししていただけますでしょうか？」
　　　「健康面でいいところはどんなことがあるでしょうか？」

7 援助シートを利用してチームで始めよう

・学習面，心理・社会面，進路面，健康面について，できるだけすべての参加者から情報を出してもらう。

☞ ポイント　いいところを尋ねた時に「ありません」と言う保護者には，「それでは，次回までの宿題にしてよろしいですか？家族の方にも聞いてきてくださいね」と宿題にします（援助案に宿題と書きますが，この過程は責める口調にならないようにユーモアを交えて柔らかく言います）。親や家族が子どものいいところに目を向けるきっかけになります。

B欄　「次に，気になるところは，どんなところでしょうか。まず学習面ではどうでしょうか。」

・学習面，心理・社会面，進路面，健康面について，できるだけすべての参加者から情報を出してもらう。

☞ ポイント　領域を気にせず思いつくことから話し合っても，4つの領域のうちのどれかから順に話し合ってもかまいません。

C欄　「それでは，気になるところについて，みなさんが今までにしてみたことや，現在行っていることを話していただけますか？　その結果についても合わせてお願いいたします」

「まず学習面はいかがですか？　心理・社会面は……。進路面は……。健康面は……」

・学習面，心理・社会面，進路面，健康面について，すべての参加者に順に尋ねる。

・援助チームシートのA〜C欄に，話し合いの結果をまとめて記入する。

【A〜C欄の記入例】

		学習面	心理・社会面	進路面	健康面
情報のまとめ	（A）いいところ 子どもの自助資源	・作文が好き	・真面目 ・優しい ・親思い	・トリマーになる夢	・体力はある
	（B）気になるところ 援助が必要なところ	・テストが受けられない ・学習の遅れ（数学）	・教室に入れない ・友達がいない ・自己主張できない	・高校進学希望	・朝起きられない ・よく眠れない
	（C）してみたこと 今まで行った，あるいは，今行っている援助とその結果	・プリント学習。きちんとやっている	・保健室登校の援助。毎日登校できるようになった	・特になし	・毎朝，親が声をかける。でも起きられない。

手順7　援助チームシートのD欄の作成

D欄　「アリサさんについての情報が豊かに集まってきました。ひととおりアリサさんの様子が

わかりましたので，これからの援助の大きな柱を考えてみたいと思います。アリサさん
の援助について，いま一番大切なことは何でしょうか。どんなことでもかまいませんの
で，ざっくばらんに話し合いましょう」

・援助チームシートのD欄に，話し合いの結果をまとめて記入する。

【D欄の記入例】

援助方針	（D） この時点での 目標と援助方針	1．自分の気持ちを話せるようにかかわる。意見を押しつけず気持ちを尊重。 2．級友との接点をもつことを試みる。教室での居場所つくりのため。 3．本人と保護者の心理的な安定をはかる。 4．ゆっくりあせらず段階的に教室に促す。

手順8　援助チームシートのE〜G欄の作成

E・F欄　「次に，アリサさんに対して自分は何をできるか，だれに何をやってもらうことがで
きるか，すぐに実現できそうな小さな具体的な案を考えましょう」

☞ ポイント　　援助者それぞれのもち味が援助案に反映できるように配慮します。そ
のために，フランクで自由に話せる雰囲気をつくります。

G欄　「とりあえずの援助方針と援助案が決まりましたので，いつからいつまで行うかについて
決めたいと思います。学習面の①は，いつからいつまでにしましょうか。②は……。心
理・社会面の①は……。進路面の①は……。健康面の①は……」

・援助チームシートのE〜G欄へ結果をまとめて記入する。

【E〜G欄の記入例】

		学習面	心理・社会面	進路面	健康面
援助案	（E） これからの 援助で 何を行うか	①作品を評価する 　（感想文や手芸） ②受けられそうなテストを 　勧める（無理しない） ③空き時間の先生が補習を 　行う 　（好きな教科から少しずつ）	①級友が保健室で本人と 　雑談する 　（場合によっては担任も） ②母子ともに面接する ③本人が言い出したこと 　を尊重する	①進路の情報を伝える 　（職業に絡めて） ②ペットの犬の話を聞く	①本人の体調の悩みを聞く ②睡眠のリズムについて 　話を聞く 　（眠れない時の状況や気 　がかりなことなど） ③場合によっては医療機 　関を勧める
	（F） 誰が行うか	①担任・教科担任 ②担任・学年主任 ③担任・教科担任	①担任・養護教諭 ②養護教諭 ③担任・学年教師	①担任・進路指導担当・保 　護者 ②担任・学年教師・進路指 　導担当・養護教諭・級友	①②養護教諭・担任・保護者 ③養護教諭
	（G） いつから いつまで 行うか	①②今から学年末まで ③今から2学期まで	①②③　今から2学期途中 まで 　（修正しながら）	①今年度中に ②今から年度末まで	①②③今から1ヶ月経過 を観察

97

7 援助シートを利用してチームで始めよう

| 手順9　次回の話し合いの日を決める |

「どうもありがとうございました。後日，まとめたシートをお渡しいたしますので，御確認
　ください。次回の話し合いまではこの方針で援助を行い，やってみてどうだったかを次回
　に確認して，合わないところは修正したいと思いますので，よろしくお願いいたします。
　次回はいつ頃にしましょうか。……（話し合って期日を決める）……」

| 手順10　おわりの挨拶 |

「今日は，話し合いにご参加くださり，どうもありがとうございました。次回（○月○日）
　にまたお集まりください。よろしくお願いいたします」

(3) 会議のあと

①シートの共有

　司会をしながらシートへの記入を担当したコーディネーターが，メモをもとに清書します（シー
ト記入ソフトを使うととても便利です！）。もちろん，メモをそのままコピーしてもかまいません。
　清書した援助チームシート，援助資源チェックシートは，話し合いに出席したメンバーに配り
ます。保護者には，会議の初めに必要かどうかを確認しておきます。また，「同じ学年の全部の
先生に配って自分の子どもについてわかっていてほしい」「保健室の先生にも渡してほしい」な
ど，他の関係者にも渡してほしいという希望が出た場合には，その先生にもシートを渡します。
それらの人は，次回の話し合いのときに援助資源チェックシートに加わる可能性があります。い
っぽう，保護者が子どもに見られることを心配して持ち帰らない場合は，関係者だけが管理しま
す。

②援助の継続

　それぞれの援助者は，援助チームシートの記入内容をもとに援助を継続していきます。そして，
1学期に1度，またはその子どもの気持ちや行動に変化が見られた時点，進級進学など次のステ
ップへの移行時期などに，コア援助チームでの話し合いを行います。その子どもの状態に応じて
援助方針・援助案・役割分担を修正していきます。

③終了

　子どもの卒業などで援助が終了した場合は，各自責任をもってシートを保管・処分します。

保護者も先生も気持ちよい話し合いにするために

　援助チームでの話し合いには，できるだけ保護者を含めます。しかし，わが子についての話し
合いとはいえ，保護者が学校へ足を運ぶのはなかなか気の重いものです。そこで，先生も保護者

も互いに気持ちよく話し合いをもつために，以下のことにとくに配慮するとよいでしょう。

①日程調整で気をつけること

複数の人を調整する場合，日程調整はエネルギーがいる作業ですが，ていねいに行います。

日程を調整する際には，保護者のもっている仕事に配慮し，できるだけ来校しやすい時間を設定するようにします。保護者が仕事を優先する場合でも，「仕事より子どものほうが大事だろ。親は何をやっているんだ」と思わないことです。これはたしかに正論ですが，ただでさえ気が重い親の逃げ場をなくして追いつめてしまいます。親が追いつめられると，「お前さえ問題を起こさなければ，親の私が学校に行くことはなかったのに……」と，怒りの感情を子どもに向けてしまいがちです。それを防止する意味でも，親が生活の基盤を支えていることを尊重し，その基盤を脅かさないようにする配慮が大切です。

近年は，経済的に不安定な家庭も多くなりつつあります。学校に行きたい気持ちはあっても，勤務の関係でどうしてもその日はむずかしいという親が少なからずいることを，理解しておくことも大切です。

②連絡で気をつけること

チームで援助を行う場合には，前記のように，日程を含めて，連絡することが数多くあります。

連絡の行き違いや滞りは，互いの不信感につながります。面談日時を知らせるなどという単純なことでも，忙しい学校現場では抜けの出ることがけっこうあります。連絡のミスがあると，保護者は「迷惑をかけて申し訳ないのだから，仕方ない」と落ち込んだり，逆に「学校は連絡もしてくれない」と不満をもったりしがちです。さらにフォローがない場合は，「どうせ自分のことなんか……」と，自分が大切に扱われていないように感じることになります。このような保護者の心情を十分に知ったうえで，「自分がミスをしたら謝る。相手がミスをしたら，ユーモアなどで関係を損なわないように配慮しつつも，連絡してほしいことをきちんと伝える」ことが大切です。

このように，連絡は単純なようでいて，自分がどう扱われているかのバロメーターにもなるものです。言いかえれば，先生から必ず連絡があるということは，「あなたを大切に思っています」というメッセージを伝える働きをもちます。学校を休んでいる子どもに，連絡事項を伝えたりすることも，同じメッセージを伝えることになります。このとき，子どもに直接伝えることが刺激になりすぎると思われる場合には，保護者に伝えます。

それから，伝えるべきことが伝わらないというように連絡が機能していない場合には，学校や家庭のどこかで，コミュニケーションが滞っていることが考えられます。

例えば，子どもや父親に伝えてほしいことを，母親が伝えていないこともよく経験することです。そのことを個別面接（コンサルテーションやカウンセリング）のなかで話題にしてみると，家庭内で起こっているコミュニケーションのパターンや問題点に気づく一助になります。

③話し合いの場面での席順

　話し合いの場面で一番緊張を強いられるのは，保護者です。保護者の不安を軽減するために，話し合いのときの座席順にも配慮しましょう。

　例えば保護者の正面には，ふだんから保護者と一番顔を合わせる機会の多い援助者が座ります（コーディネーターなど）。保護者の隣には，担任の先生が座ります。ほかにも援助者が加わる場合には，保護者の視線から一番遠い，斜め前の場所などに座ります。この人は，保護者と会う回数が少ない人と思われるので，少し離れた席にします。

　この配置だと，コーディネーターから保護者や担任の表情をよく見ることができ，気持ちをくみ取りやすくなります。そして，保護者や担任がつらそうな表情をしていたり，言いにくそうな時には，助け船を出したり，話題を振り直したりして，場の緊張を和らげることができます。

　このように場の雰囲気に気を配ることは，次回の参加意欲を高めることにつながります。

④援助チームに参加した保護者の感想

●母親の声

「子どものいいところに目を向けることはほとんどなくて……。シートを使っての話し合いの時に，子どものいいところを聞かれて，う～んとなってしまいました。悪いところはたくさんあるんですけどね。でも，先生方が子どものいいところをたくさん見つけてくださっていて，見つからない自分が親として恥ずかしかったです。いいところを見ることを忘れていたんですね。あれから私もほめる言葉を少しずつですが出せるようになりました」

「話し合いをシートへ記入することに同意したのですが，最初はメモを取られることに緊張しまし

た。でも，子どものことをいろいろな面から話し合い，働きかけについて記入してくれたので，安心感をもてました。シートを夫に見せながら説明したら，子どもの状況をよくわかってくれました」

●父親の声

「お恥ずかしいですが，父親は，家庭や学校での普段の様子をあまり把握していません。シートの使用でいろいろな先生がかかわり，本気で実行してくれるんだなと実感しました。オープンに関係者で話し合うことも，子どもにとってもいいことだと思います」

「子どもの状態が目で見てわかるので助かります。どこがどうよくなったのか，どこがそのままで変化がないのかもよくわかります。何をしたらいいのかもわかり目標がはっきりして張り合いがあります」

話し合いについてのＱ＆Ａ

Q　ふつうの会議とはどう違うの？

A　援助チームの司会者は，P.94のように一定の手順にそって話し合いを進行していきます。しかし，杓子定規に進めるのではなく，その場の雰囲気を大切にします。そこが，議題にそって淡々と進めていく会議と，援助チームでの話し合いとの違いです（P.105参照）。

　　議題が山積みの会議では，司会者（議長）は私情を挟まずに，決められた時間や日程で議事を進めていかなくてはなりません。いっぽう，コア援助チームの司会者は，自分のもち味を生かして，参加者の参加意欲が高まることも考えながら司会を進めていきます。とくに保護者は，自由意志での参加者です。司会者や担任の先生の発言や雰囲気から，「自分がどう扱われているか」を敏感に察し，それによって参加意欲が左右されるので，配慮が必要です。

Q　直接顔を合わせた話し合いでないとチームじゃないの？

A　直接顔を合わせない間接的なチームも立派なチームです。さまざまな事情で，コア援助チームの３者が一緒に話し合えない場合には，２者で話し合います。例えば，介護などの家庭の事情で，保護者がどうしても出向けない時には，担任の先生が家庭訪問をして保護者の意見を聞きます。担任の先生は，それを持ち帰ってスクールカウンセラーと話し合います。その結果は，担任の先生が保護者へフィードバックします。というように，これを繰り返します。このような形も，間接的なコア援助チームです。

Q　１回で全部やらなければだめなの？

A　初回の話し合いは，とくに多くの時間が必要で，１時間半程度が確保できると理想的です。

7 援助シートを利用してチームで始めよう

担任の先生の空き時間（授業1コマ分）を利用する場合には，これだけの時間をとることができないので，2～3回に分けて話し合います。例えば，1回目には，援助資源チェックシートでサポーターを把握し，援助チームシートのA～C欄で事実関係の情報を集めます。2回目には，A～C欄をもとに援助方針を話し合い，援助案を決めていきます。

このように話し合いの回数を分ける場合には，次回の話し合いまでの間隔を1，2週間とし，間を空けすぎないようにします。

Q　コア援助チームはどのくらいの頻度で話し合うのが理想的？

A　援助チームでの話し合いは，どのくらいの頻度でもったらいいのでしょうか。苦戦している子どもの状況によりますが，下記のようなパターンがあります。

①学期に1回，定期的に話し合いをもつ
②月に1回，定期的に話し合いをもつ
③子どもの状況によって，最初は週1回，隔週，月1回，学期に1回……と間隔をあけていく
④子どもの変化（気持ちや行動など）が見られた時を節目として，不定期に話し合いをもつ
⑤原則として毎週，定期的に話し合いをもつ

⑤の場合を除いては，コア援助チームでの話し合いとは別に，担任の先生とコーディネーター，保護者と担任の先生などで，情報交換などを行います。さらに，保護者が親としての役割に自信がもてない時などには，並行してスクールカウンセラーなどの個別面接を受けます。このような援助者同士のサポートがあって初めて，子どもへの援助が安心して行えるのです。

Q　2回目以降の話し合いは？

A　2回目以降，話し合いの回数が多くなってくると参加者の気心も知れてきて，和やかな雰囲気になってきます。毎回，「援助チームでの話し合いの進行例」の手順どおりに話し合う場合もありますが，気候の話や世間話などをしながら，そのまま保護者が子どもの最近の様子を話していくこともあります。後者の場合には，話の流れを損なわないようにしながらも，意識して援助チームシートのA～C欄に関係した質問をして，コーディネーターが子どもの変化を確認します（「よくなってきたところは……」「気になるところは……」）。そこに，学校での変化を参加者から付け加えて，次に援助方針の確認と援助案の話し合いへと進めて行きます。

Q　援助方針や援助案は修正するの？

A　援助が開始されると，遅かれ早かれ子どもの行動や気持ちには変化が生じます。変化が出てきた場合には，その変化に応じて援助方針や援助案を修正していきます。

ただし援助は結果を急がず，実現可能な具体的で小さなステップを積み重ねていくようにします。子どもに小さな変化が現れない場合でも，子どもの状況が悪化することを防いでいることもあります。子どもを援助しながら，子どもの状況について観察を続けましょう。大切なことは，子どもの変化が目に見えてくるようにと，焦らないことです。急がば回れです。保護者や援助者の焦りや緊張は子どもに伝わり，よけいに子どもが動きにくくなってしまうからです。

援助方針を見直し，それに合った援助案に修正したにもかかわらず，子どもに変化が見られなかったり，悪化したりする場合には，援助チームシートと援助資源チェックシートを活用して，管理職を含めて学校全体で対応を見直します。また，必要に応じて，専門機関のコンサルテーションも活用しましょう。

Q　援助案が保護者の意向にそわない場合は？

A　援助方針を立てる時には，必ず保護者の意向を入れることを意識します。保護者の要求が今の時点では無理なものであるとしても，それは保護者の願いであり希望ですから，長期の目標として記入できるように配慮します。下記に例を示します。

（事例）

・保護者は，「学校に行きたがらない子どもをどうしても登校させたい」と考えている。

・担任の先生は，「今の時点では，学校生活に対する不安が強いので見守っていたほうがいい」と考えている。

・保護者は「今すぐに子どもを登校させることは控えたほうがいい」ということには納得したが，「見守る」「様子を見る」だけでは不安をもっている。

このような場合に援助方針を「見守る」とだけすると，保護者は自分の子どもが見捨てられたような気持ちになったり，学校に来ないでいいと言われているような気持ちになりがちです。

そのため，援助方針（D欄）には，「学校に行かせたい」という保護者の心情を生かすように工夫します。例えば，④のような形で，保護者の意見を援助方針に加えます。

【D欄の記入例】

①今は不安が強いので，学校の話題ではなく趣味の話題を出すようにし，安心感を与える。

②子どもが自分の気持ちを出していけるようにかかわる。

③子どもや保護者の心理的な安定をはかるために家庭訪問やカウンセリングを行う。

④学校の話題が出せるようになったら，子どもの気持ちを聞きながら段階的な登校を促す。

7 援助シートを利用してチームで始めよう

3 お互いのもち味を生かして話し合おう

話し合いの準備

①環境づくり

　援助チームの話し合いで大切なのは，参加したメンバーが対等のパートナーとして話し合うことです。メンバーは，苦戦している子どもを理解し，よりよく援助しようという共通の目的のもとに集まっています。したがって，話し合いで使うイスについても，全員同様のものを使うのが望ましいと思います。だれかがソファに座り，他の者が折り畳みイスというのは不自然です。また座席の位置は，前述のように，一番緊張しやすい保護者に配慮したものにしましょう。

②途中退席のときの一言

　話し合いの参加者は，原則として最初から最後まで通して出席するようにします。それが無理な場合，例えば学年主任や管理職の先生が「大切な話し合いだから，前半だけでも出席したい」という場合は，最初にその旨をほかの参加者に断っておくことが必要です。「恐縮ですが，はずせない用事で，○時○分頃退席します。カズエさんについての大切な話し合いなので，少しでも出席してお役に立ちたいと思いますので，お許しください」などと言うといいと思います。そうでないと，他の参加者，とくに保護者は，「（私の子どもについての）話し合いは，学校では大切に思われていない」と誤解してしまいます。

③相手の役割や立場を大切に

　援助チームでの話し合いは，子どもの援助に関して，さまざまな立場の人が集まって行う作戦会議です。多様な役割や立場の援助者が集まるところに，援助チームの意味があります。したがって話し合いでは，それぞれの人の「鎧」（役割や立場）を尊重することが重要です。話し合いで自分の考えを率直に話すことはよいことですが，なんでもかんでも「本音」を自由に出すのは不適切な場合があります。つまり，ほかの参加者の経験や誇りを尊重しながら話すことが，話し合いの鍵なのです。とくに担任の先生や保護者に対して，「あなたの不適切なかかわりのせいで，子どもが不登校になった」などと決めつけることは，担任や保護者の誇りを傷つけ，援助チームの進行にも，これからのお互いのかかわりにもマイナスの影響を与えます。

　グループカウンセリングでは，参加者が社会的な鎧をはずして自由に本音を話すことで，自分についての気づきをめざすことがあります。しかし，援助チームの話し合いはそうではありません。グループカウンセリングでは参加者が感情を共有することを大切にしていますが，援助チームの話し合いでは情報や援助方針の共有をめざしているからです。

司会者の役割

　援助チームでの司会者の役割は，話し合いの時間と内容を管理することと，和やかな雰囲気を維持することです。話し合いの目的を明確にし，検討事項に優先順位をつけ，情報収集から具体的な援助案の検討・決定に流れるようにリードします。

　吉田新一郎氏の『会議の技法―チームワークがひらく発想の新次元』（中公新書）は，会議の進め方について学習するのに大変参考になります。この本を参考にすると，会議の司会には「会議議長型」「報告会司会者型」「話し合い進行役型」の3種類が考えられます。

---

①会議議長型

　何かの議題について決定するために，会議の責任者が議長になります。議長は話し合いに参加する人のリーダーであり，意見が分かれたときは自分の意見でまとめることができます。このタイプの会議では，会議の中身だけでなく，会議を開いたという事実も大切です。学校では，管理職が議長となる職員会議，学年主任が議長となる学年会などがこれにあたります。

②報告会司会者型

　司会者が，シナリオのある報告会をしきっているという感じの会です。発表者でもなく会の代表でもない者が司会をします。研修会や懇談会の司会者がこれにあたるでしょうか。

③話し合い進行役型

　少人数で何かについて率直に話し合う会を，和やかに進める役です。このようなタイプの話し合いでは，会議のプロセス（流れ）を重視します。子どもの援助についての話し合いは作戦会議ですから，その司会者はこのタイプに近いと思います。

　このタイプの会議の司会者も，もちろん時間管理や議題の順番の管理を担います。さらに，会議を和やかに進行して，参加者の意見を述べやすくしたり，出ている意見の異同から論点をしぼって提示したりするなど，話し合いの促進に努めることが期待されます。つまり，ファシリテーターの役割も期待されるのです。

　さて，援助チームの司会者は，上記のうちの「話し合い進行役型」に近く，ファシリテーターとしての役割が期待されます（P.109コラム19参照）。さらに援助チームの司会者には，「進行役」に加えて「＋α」の役割が求められます。「＋α」の役割とは，援助サービスについてのリーダーシップです。苦戦している子どもの援助について方針を立てるには，経験や知識を必要としますから，司会者は必要に応じてリーダーの役割も取る必要があるのです。

　したがって，援助チームの話し合いでは，コーディネーターの機能をもてる教育相談担当などが司会をするのが望ましいと考えます。司会役がこれらすべての役割を担うのがむずかしい場合は，学年主任など話し合いの経験豊富な先生が進行役を務め，教育相談担当やスクールカウンセラーが，子どもの情報をまとめたり援助方針をまとめるところでリーダーシップを発揮するとい

う進め方もあります。とくに，教育相談担当が話し合いの進行に慣れていない場合や，スクールカウンセラーが赴任したばかりというときには，この方法が活用できます。

ただし司会者によっては，議長のように話し合いをしきってしまうことがあります。だれが援助チームの司会者になる場合でも，練習が必要ですね。

司会者の具体的な役割

援助チームの司会者の役割について，簡単に以下にまとめておきます。

①話し合いの初めに，会議の目的，会議で話し合うことを明確にする。
②時間に限りがあるので，必要であれば，検討事項の優先順位をつける。
③話し合いのなかで，参加者の話題が問題の焦点からずれないよう配慮する。
　（例：参加者が話し合いの対象となる子どもとは関係のない自分の体験談を話し始めたときには，長くなる前に打ち切る）
④話し合いの話題が，「情報のまとめ」→「援助方針」→「援助案」と流れるよう進める。
⑤参加者の話し合いへの参加を促進し，参加者が攻撃されないよう配慮する。
　（とくに，保護者や担任の先生が「つるしあげ」の対象にならないようにする）
⑥和やかな雰囲気を維持する。
⑦話し合いの最後に，援助方針についてまとめる。

参加者の役割

援助チームでの話し合いにおける，参加者のおもな役割についてまとめておきます。

①他者の意見を尊重し，他者の話を聞く（発言中に割り込まない）。
②自分の意見をタイミングを見て簡潔に話す。
③自分の意見と他者の意見との異同を考える。
④司会者が論点や話題をはずさないように，時間を守るように確かめる。

管理職からのサポートを得るコツ

　援助チームによる話し合いを行い，子どもの援助を促進していくためには，学年主任や管理職の理解とサポートが欠かせません。サポートを得るために，担任の先生や援助チームのコーディネーターが行うべきことを次にあげます。

①管理職や学年主任には，援助チームで子どもを援助していることを報告しておく。また，職員会議においても報告する。
②援助チームで話し合った結果（援助方針と援助案）については，管理職に報告し，相談する。
　とくに，校内の資源（例：部活の顧問，専科の先生，心の教室相談員）を活用したり，校外の機関と連携する場合には，管理職に相談する必要が大きい。
③とくに重要な援助チームの話し合いには，管理職に出席を依頼する。

守秘義務と報告義務

　私たちは援助を行うにあたり，子どもに関する情報をていねいに扱う必要があります。子どもに関する情報の共有については，次の3つのレベルで考えるといいでしょう。

①子どもと1対1のレベル

　「私」と「あなた（子ども）」の間での情報とするものです。担任にやっと言うことができた友達への不満，相手がカウンセラーだから話した父親への気持ちなどです。

②援助チーム（その子どもにかかわっている援助者たち）のレベル

　援助チームの話し合いで得られた情報は，援助チームが責任をもって管理すべきものです。援助チーム以外にも知らせる情報と，援助チーム内で留める情報について，参加者（とくに保護者）と確認します。

③学校全体のレベル

　子どもの危機的状況（例：自殺未遂）や教育方針（例：相談室登校を始める）にかかわることは，学校全体で共有し，協力を得る必要があります。

　次に，情報の共有について，援助チームがもつ「守秘義務」と「報告義務」の視点から述べます。
　援助チームの参加者は，話し合いのなかで，子どもの気持ち，保護者や担任の気持ちなど，それぞれの人の心の内面について知ることがあります。また，援助者同士の人間関係（例：担任が

同僚の1人を苦手としている）についても，知ることがあります。このような場合，参加者の感情や人間関係についての情報は外の人に知らせないという約束，つまり，守秘義務があります。

いっぽう，苦戦している子どもについてチーム援助に当たっていることや，その援助方針や援助活動については，管理職に報告する義務があります。それらの活動は，他の教職員にも伝えて，協力してもらう必要がある場合も少なくありません。

援助チームシートや援助資源チェックシートにまとめられた内容は，子どもの「学校生活」と「教育活動」についてのまとめですから，保護者の許可があれば，管理職と共有することができると思います。また援助シートは，多くの援助者で共有しやすいように，子どもの内面的な情報は強調しないように工夫されています。

訴訟問題にならないために…

子どもの援助について，学校と保護者の間でトラブルが発生すると，ときに訴訟問題に発展する場合があります。

これは，援助を進めるなかで，問題解決の仕方が保護者の意にそわなかったということです。最初のうち保護者は，学校に不満を述べるという形で援助の方向修正を求めます。言いかえれば，「いまの援助では，自分の子どもには合わないところがある」と学校に教えてくれていると言えます。最初に不安や不満が出されたこの段階で，保護者が学校への信頼を回復するように十分配慮する必要があります。担当者が十分に話を聞き，「うまくいっていること」と「うまくいっていないこと」を確認し，援助の修正案を保護者と話し合うのです。

ところが，学校がそのような姿勢をとらなかった場合，保護者が自分の言い分を受け入れてくれないと感じると，最後の手段として第三者に異議を申し立てるという場合があります。

コア援助チームには保護者も加わっているので，保護者の意見も反映され，保護者が了解したうえで援助が行われています。したがって，このような事態を避けることにつながります。

コラム 19 作戦会議とつるし上げの違い

　援助チームの話し合いの司会者には,ファシリテーターの役割も期待されます(P. 105参照)。「ファシリテーター」とは,グループカウンセリングなどで進行役をする人を呼ぶ言葉です。グループカウンセリングでは,参加者が自分の感情を表現します。ファシリテーターは,参加者が自分についての気づきを深めるようなグループ作りを工夫し,グループのなかで参加者が傷つかないように介入します。

　援助チームの話し合いは,グループカウンセリングではなく,情報の共有と援助方針の作成をめざす作戦会議です。でも子どもの状況や援助をめぐって,参加者の気持ちが表現される場面でもあります。そこで援助チームの話し合いの場を支配している感情を把握し,参加者が傷つかないようにするのが,司会者の重要な役割になります。司会者がグループカウンセリングや構成的グループ・エンカウンターの経験があると,ファシリテーターの機能を果たすのに役立ちます。

　とくに気をつける「グループを支配している感情」は,不満や怒りです。「家族がしっかりしないから子どもが問題を起こすのだ」「担任の指導がまずいから子どもが苦しんでいるのだ」「学校は何をしているのだ」という,保護者,担任の先生,学校に対する批判的な感情が,話し合いの流れを支配してしまうと,危険！です。子どもの成長をめざす前向きな意見が出なくなります。話し合いが子どものための作戦会議ではなく,だれかのつるし上げになってしまします。

　そこで司会者は何ができるでしょう。それは,話し合いのムードを変えることです。例えば,出席した保護者への批判的な意見が続いたときは,「お母さんも苦戦されていますね」と意見を言い直して（リフレイミングと言います）,「そこで子どもさんの健康面の情報も欲しいですね。養護教諭の○○先生いかがですか」と話題を変えます。

　大切なことは,参加者が和やかに,子どもの援助について前向きに話し合うことです。話し合いの雰囲気をよくするためには,司会者だけでなく,参加者がお互いに配慮し合いたいものです。

第8章 援助シートを利用して仲間につなげよう

1 縦のチームプレーをしよう！

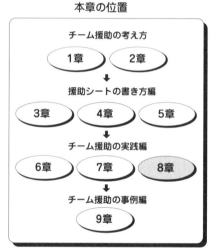

子どもへの援助をつなぐ意義

　子どもの学年や学校が変わるときには，子どもの援助資源や援助チームにも変化があります。その代表的な例が，担任の先生です。そのほかにも，教科担当の先生が変わることもありますし，子どもが尊敬していた部活の顧問が変わることもあります。

　学年や学校などの環境が変わり，新しい状況に移行するのは，子どもにとって大変なことです。いかにして新しい環境に慣れるかは，大きな課題となります。とくに小学校・中学校・高校への入学は，とても大きな課題です。苦戦している子どもにとっては，学年が変わることも大きなチャレンジとなります。

　また援助者にとっても，担当の交代は大きな課題です。今までの援助を通して蓄積した子どもについての知識を，次の援助者につないでいけるかどうかに，子どものスムーズな移行がかかっています。援助者が蓄積した知識には，子どもの得意な学習スタイル，今伸び始めた能力，子どもの学校でのストレス対処法など，その子どもの自助資源があります。また，授業で子どもが苦戦した場面，苦手な活動などの援助を必要とすること，子どもの友人関係などについての知識もあります。さらに，援助者がこれまで子どもに対してどんな援助を行い，どんな成果があったかについても，後任者に伝えたいものです。もちろん，次の援助者にはその人なりのやり方があるでしょうが，前任者の経験は大変参考になります。

　このように，同じチームで一緒に援助をするわけではありませんが，時間差でその子どもにか

かわる援助者同士が上手にバトンタッチしていくことは,「縦のチームプレー」と言えます。

援助者同士が縦のチームワークを発揮するためには,苦戦している子どもについて「次年度の援助チーム」を設定する人物の存在がキーとなります。年度末の2～3月にかけては,学年主任や生徒指導担当や教育相談担当が核となり,次の年度を見据えて,その子どもにとってふさわしい人的環境を検討することが大切です。

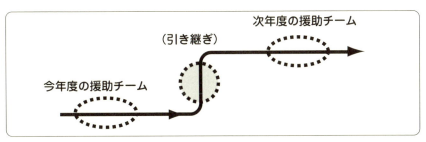

図5　縦のチームプレーにおける引き継ぎ

「白紙で子どもに接したい」について

　小学校6年生のある学級で「学級崩壊」が起きました。学級の子どもが,担任のタナカ先生の授業にまったく参加しないのです。物を投げたり,先生の指示に従わなかったり,まさに学級が成立していません。

　この学級は,5年生から6年生になるときにクラス替えはなく,他の学校から転任してきたタナカ先生が,今年から新しく担任しました。タナカ先生が学級をもつとき,管理職は5年生のときの学級の状況について説明しようとしました。しかしタナカ先生は,きっぱりと「私は,白紙で子どもたちに接したい。先入観をもちたくないのです」と言いました。タナカ先生の言い方があまりにも自信と誇りに満ちていたので,管理職はタナカ先生にまかせて様子を見ることにしたのです。いまになって管理職は,学級の状況について引き継ぎをしなかったことを後悔しています。

　「先入観をもたず,白紙で子どもに接したい」という態度は,「私はどんな子どもも受け入れたい」という態度でもあり,とてもいいことです。しかし,子どもへの援助に関して,前任者からの情報は宝です。この宝を引き継がないのは,もったいないことであると同時に,大変危険なことです。例えば,虐待を受けて傷つき,少し回復している子どもに,そうとは知らず,強引に握手してしまったらどうでしょうか。子どもは恐怖を感じ,二度と心を開いてはくれないかもしれません。あるいは,国語で朗読を指名した子が,実は昨年度の朗読の際にみんなから笑われ,しばらく休んで復帰したばかりだとしたらどうでしょうか。今度は上手に読めて古い傷が癒やされるかもしれませんし,傷の痛みが再発するかもしれません。つまり,白紙ということは,大変危険なことなのです。

前任者から引き継いだ情報をそのまま受け取るか，それで先入観をもつかは，援助者側の課題です。情報を引き継いだ援助者は，それらの情報を整理し，そして実際に子どもにかかわりながら自分の目で確かめていくことができます。子どもとのかかわりで気をつけるところ（例：子どもの失敗体験），子どもと関係をつくるのに活用できること（例：子どもの得意なこと），子どもの観察における焦点（例：今伸びているところ，援助を必要としているところ）などは，とくに大切な情報です。このように，「引き継いだ情報を活用しながらも，実際に子どもにかかわりつつ自分で情報を集めて子どもを理解していこう」という姿勢をもつと，前任者からの情報による先入観で，子どもを見る視点が狭くなることを防いでくれます。

繰り返しますが，先入観をもつかどうかは，援助者側の課題です。先入観をもたないために，前任者からの情報の引き継ぎを拒否することは，援助者としての怠慢だと，著者らは思います。

引き継ぎにおける言葉のポイント：事実と推測を分けよう

情報を引き継ぐ際のポイントは，子どもの状況についての「事実」と「推論」を分けるよう注意することです。例えば，「レイタくんは，小学5年生の5月に登校しぶりが始まり，昨年度の欠席日数は合計で95日であった。担任は6月から7月にかけて8回家庭訪問した」は，事実です。そしてこの事実は，「担任の先生は，昨年度5月から週に1回のペースで，電話などで母親からレイタくんの状況についての情報を得た」などという他の事実と統合することで，「担任の熱心なかかわりにもかかわらず（レイタくんの登校状況は改善しなかった）」という推論を導くことができるかもしれません。しかし，引き継ぎの内容が前任者の推論だけで書かれていたり，事実と推論が混在していた場合には（例：「担任の熱心なかかわりにもかかわらず，レイタくんは昨年度は95日欠席した」），適切な引き継ぎは困難になります。

私たち著者もそうですが，子どもにかかわる仕事をしていると，「熱心なかかわり」「保護者は教育熱心」「子どもが落ち着いてきた」「子どもは積極的になってきた」「子どもの目が輝いてきた」という，抽象的な言葉を使いがちです。そこで，推論を用いる場合には，その基になる観察（事実）を先に示し，そのあとに，「……と，私は思う（考えられる）」という推論を加えるようにするといいと思います。例えばこうです。「ジロウくんは，苦手な国語の時間にも，先生の質問に挙手して答える回数が増えた。国語の宿題をしてくる回数も増えた。ジロウくんは，国語の勉強に積極的になってきたと，私は思う」。

このように，子どもの状況について引き継ぎをしたり書類を作成したりするときは，事実と推論を分けて書くことを心がけてください。そうすると，援助者の間で引き継ぎや連絡が促進されると同時に，子どもに対して先入観をもつ危険性もずいぶん減少します。

2 人を引き継ぐ

信頼関係はバトンタッチされる

　私たちが「子どもを引き継ぐ」という場合，前の学級から次の学級へと，子どもの所属を異動するという意味で使われることが多いと思います。しかし，引き継がれるのは子どもの所属だけではありません。子どもが保護者や担任，級友などとの間で体験した信頼感や不信感も，一緒に引き継がれていきます。例えば，過去に人と温かい信頼関係を築いていた子どもは，新しい担任の先生や級友にも心を開きやすい状態になっています。いっぽう，残念ながら過去に人とうまく関係がもてなかった子どもは，「大人や友達は信じられない」と，新しい担任の先生や級友に対してもかたくなに心を閉ざしてしまうことがあります。つまり，よきにせよ悪しきにせよ，信頼関係はバトンタッチされるのです。

　援助者に信頼感をもっている子どもに対しては，その信頼を裏切らないようにていねいに引き継ぎをしましょう。また信頼感をもてない子どもに対しては，それまでの子どもの状況をなるべく的確に把握し，子どもが不安をもたないように引き継ぐことが大切でしょう。バトンタッチはタイミングよく慎重に行わないと，バトンを落としてしまうというのは周知のとおりです。

メンバー選択

　先生もスクールカウンセラーも他機関の相談員も，年度が変わるときには異動があります。そのため，その子どもを援助していた担任の先生やスクールカウンセラーが，次の1年も引き続き援助チームの構成メンバーになれるとは限りません。とくに援助がうまく進んでいるときは，現在の援助を行っているメンバーがそのまま「次年度の援助チーム」のメンバーになれるなら，それに越したことはありません。子どもや保護者に安心感を与えられるからです。

　あらかじめ異動や辞職がはっきりしている場合は，2カ月くらい前から別れの作業を行うことが大切です。とくに人に対する信頼感がなかなかもてなかったり，大事な人を失う体験をしている子どもにとっては，やっと信頼できる人に出会ったという喜びが大きかった場合，失った時の失望も大きくなります。子どもが別れに伴う寂しさやつらさを十分受け止めつつ，次の援助者との関係をしっかりと結べるように，子どもや保護者の心の準備が整うように配慮します。

　援助チームのメンバーを選ぶ立場にある人は，このような過程も十分考えて，子どもと新しい信頼関係が結べるように次のメンバーを選択します。

113

8　援助シートを利用して仲間につなげよう

変わらないチームメンバー

　さきに述べたように，先生やスクールカウンセラーなど，職業として援助に加わっている援助者には必ず異動があります。しかし，変わらないチームメンバーがいます。それは，その子どもの保護者です。保護者は，さまざまな援助者と出会いながら，自分の子どもに継続的に援助をしてきた，一番のサポーターです。

　その意味から言うと，保護者は苦戦している子どもをもった弱い立場だから，援助を受けるためにチームに加わるのではありません。その子どものことを一番よく知っているからこそ，援助チームになくてはならない存在なのです。したがって，保護者には援助チームに加わって家庭での情報を提供したり，学校での子どもの様子を知らせてもらったりする役割と権利があります。

　もちろん，保護者の不安が大きい場合には学校がサポートします。しかしそれは，保護者が子どもに対して速やかに援助を行うために必要なことだからです。ここに，保護者が「援助を受ける側と，援助を提供する側の両方に位置づけられている」という大きな意味があります（P. 84図3参照）。

3 シートを引き継ぐ

引き継ぎにおけるシートの利用の仕方

　子どもに安心感を与えるスムーズなスタートのために，人を引き継ぐと同時に，シートを引き継ぎましょう。そうすれば，より確実な引き継ぎを行うことができます。

　「援助チームシート」と「援助資源チェックシート」は，エピソードなどを細かく記入するのではなく，事実のみを箇条書きで記入するようになっています（第3，4章参照）。そのため，シートを見ることで，ポイントを押さえて短時間でその子どもの様子を理解できます。これまでに使用した「援助チームシート」と「援助資源チェックシート」を，保護者の了解を得て引き継ぐことができれば，次の援助者もスムースに援助を開始することができます。

　引き継ぎのためにシートに記入する場合には，まず援助資源チェックシートに記入し，子どもの友達などの存在を後任者に把握してもらいます。次に，援助チームシートの「情報のまとめ（A〜C欄）」と，「この時点での援助方針（D欄）」を記入したものを渡します。援助方針の欄には，引き継ぐにあたって配慮してほしいことを前任者が記入しておいてもかまいません。もちろん，これらの欄は全部を埋める必要はなく，一つでも二つでも，いまの時点でわかっていることを記入します。それだけでも，次の援助者には子どもの様子がわかってきます。

　ただし，援助チームシートと援助資源チェックシートには書面であるという限界があります。そこで，シートでアウトラインを確認してもらったうえで，新旧の援助チームのメンバー（全員でなくても可）が顔を合わせ，口頭で補足することができれば，子どもへの理解がいっそう促進されます。

蓄積データとしての管理

（1）援助用の個人ファイルとして

　援助チームシートと援助資源チェックシートは，1枚の紙に表裏で印刷すると，シートを保存する際に便利です。

　子どもの状況にもよりますが，記入したシートは，学期に1回，ないしは援助のポイントとなる節目節目で見直し，修正を行います。このように，援助方針や援助案は修正しながら援助を行いますので，修正したシートは複数枚になります。これを子どもごとにファイリングしておくと

115

8　援助シートを利用して仲間につなげよう

よいでしょう。そのほかに，実施したアンケートシート・児童生徒版も一緒にとじこんでおくと，子ども理解がいっそう進みます。

（2）引き継ぎ用のファイルとして

上記のようにして蓄積した「援助チームシート」や「援助資源チェックシート」は，引き継ぎ用のファイルとしてそのまま利用できます。

前任者が行った援助の経過は，後任者もできる限り知っておくことが重要です。ただし，前任者が作成したシートに頼りすぎて，自分の目でも子どもをしっかり見る努力をしない場合には，情報を十分には生かせないことになります。前任者のシートの上に，自分が感じたことや，自分が収集した情報を重ね合わせて子どもを見ていきましょう。

さきに述べたように「自分との関係は初めてなのだから白紙でスタートしたほうがいい」という考えもありますが，これは大きな危険を伴います（P. 111参照）。「もうこれ以上がんばれない」と思っている抑うつ的な症状の子どもに，「がんばっていこうね」というタブーの言葉をかけてしまったり，その子どもが嫌いだと思っている話題を出してしまって，子どもとの関係がむずかしくなることもあります。このようなことを避けるためにも，引き継ぎ用のファイルが必要なのです。

（3）ファイルを引き継ぐ時期

　①学年が上がる時

　②転校する時

　③幼稚園から小学校へ上がる時

　④小学校から中学校へ上がる時

　⑤中学校から高校へ上がる時　　など

4 引き継ぎによくある誤解

誤解の背景と対応法とは？

（1）後任者の対応が悪いとの誤解について

「小学校の時はとってもいい子だったのに，どうして中学校になったら，バイクを乗り回すようなすごいワルになってしまったの？ 中学校の先生たちは何やっているのかしら？」

「A先生に代わってから，B君はA先生を嫌っているらしいね。どうも保護者もそうみたい。とうとう学校を休みはじめたしね。A先生はしっかり対応しているのかな？」

小学校の時に「いい子」でいた場合，子どもはほとんど注目されずに中学校に上がってきます。そのため，中学校の先生には何も情報がないまま新学期がスタートします。

しかし，いい子はいい子なりのさまざまなストレスを抱えています。親や先生の期待をくみ取り，自分の気持ちを無視してでもそれにそいたいという気持ちが大きいために，自分の本当の気持ちを出せずに，嫌なことにも無理やり適応しようとしている場合も多く見られます。

ところが，学年が上がると適応しなければいけない課題が増えてくるので，その試みが破綻してしまうことがあります。適応できずに自尊心の危機が訪れると，子どもはなんとかしてこの危機を乗り切ろうとします。その際，その子どものもっているエネルギーが高い場合は，派手な行動などで周囲の注目を引こうとし，エネルギーが低ければ学校に行けなくなってしまうことがあります。

また子どもや保護者が担任の先生を避ける場合には，二つの理由が考えられます。

一つは，担任の先生自身が，子どもや保護者の気持ちを無視したりうっかりと傷つけるようなことを言ってしまった場合です。その場合は，当事者であるA先生が謝罪をしたり，誠意をもった対応をすれば，関係を回復することが可能でしょう。誠意をもって対応しているにもかかわらずうまくいかない場合には，担任の先生のせいではなく，B君や保護者の過去の体験が影響していることも考えられます。例えば，顔や声や話し方がA先生に似ている同じくらいの年齢の先生から，心を傷つけられるような嫌な対応を過去にされていた場合などです。時には，親との関係がうまくいっていない子どもが，母親や父親を先生に重ね合わせている場合もあります。

このような場合，先生にとっては不運ですが，そのことに感情的に巻き込まれないことです。相手に過剰に反応してしまうと，二次的な対立を招いてしまうことがあります。無理に自分で関係をとろうとせずに，学年主任や教育相談担当の先生やスクールカウンセラーなどに介入しても

らったり，その子どもとよい関係をもてそうな先生にお願いする勇気も時には大切です。

　そして，自分がやるべきことの責任を一つ一つ果たしていくことがポイントです。例えば，欠席したときの配布物を必ず届けたり，次の日の授業予定を連絡したり，今学習している箇所を伝えたりします。これは「道具的サポート」「情報的サポート」と言い，立派な援助の一つです。このようなサポートを定期的に行う先生の姿が，子どもや保護者が信頼を寄せるきっかけになることも多くあります（P. 44コラム9参照）。

（2）前任者の対応が悪かったとの誤解について

　「あの子は小学校の時に学校を休みがちだったのに，中学になったら嘘のように無欠席で学校
　　生活を送ってる。小学校の先生たちはいったい何をしてたんだろうね」
　「中3になって担任がC先生に代わったとたん，あの子は学校に行けるようになったね。D先
　　生は毎週のように家庭訪問していたけど，やっぱりD先生の力量は足りなかったんだね」

　休みがちな子に対して，先生がかかわりを断たずに働きかけを続けてきた場合，子どもにもその気持ちは伝わっています。しかし，学校や家庭生活でクリアしなければならない課題やストレスを多く抱えている場合，子どもの足は学校には向きにくいものです。したがって，それらの問題が何かのきっかけで解決すれば，子どもは学校に来られるようになる可能性があります。

　休みがちだった子が進級や進学を境にスムーズに適応できた場合は，その子どものペースを大切にしながら担任の先生や保護者がかかわりを続けてきた結果だと考えられます。つまり，欠席が続く状態のなかでも，その子どもはその子どもなりのペースで課題に立ち向かっていたわけです。そして，そのような先生への信頼関係が，進級・進学先の先生に対する信頼にもつながったのだと考えることもできます。さらに，中学進学という節目を迎えたり，中3で高校進学というゴールが見えてきたりすることも，子どもが自分の気持ちに一区切りつける大きな要因となります。

　このようなケースでは，後者の先生の対応のみがよかったわけではなく，前者の先生のかかわりも含めて，それまでのさまざまな要因が関係して結果が現れていることを理解することも大切でしょう。

（3）引き継ぐ前の対応が悪いから，その後も悪いとの誤解について

　「あの中学では，先生たちが連携して非行傾向のグループにかかわっていたけれど，結局中学3
　　年間，かれらは服装も頭髪も違反したままで，授業には出ないし，たばこも隠れて吸っている
　　し，ちっとも改善しないで高校へ進学したね。だから高校へ行っても相変わらずなんだね」

　思春期は怒濤の時期です。中学校の3年間，先生方が懸命に努力しても，非行傾向の子が現状維持のまま卒業していくということも多いでしょう。これに対して，次のようには考えられない

でしょうか。先生方の努力が足りなかったのではなく，先生方が3年間，その子どもたちとの関係をとり続けていたからこそ，現状を維持することができたのだと。

　思春期の子どもはエネルギーに満ちあふれています。このような時に非行傾向のグループができると，坂から転がり落ちるように悪化していくこともまれではありません。先生方や保護者は，この莫大なエネルギーに翻弄されつつも，変わらずに子どもたちにかかわり続けたからこそ，子どもたちはそこから多かれ少なかれ何かを吸収したり，方向性を変えたりしてきたわけです。それがなければ，現状維持はむずかしかっただろうと考えられます。

　非行傾向の子どもたちは，個別に対応すると，意外に素直で感受性の強いことに驚かされます。しかし，グループになると性格が一変します。そうしないとグループのなかでは生きていけないからです。子どもと約束しても裏切られることが多く，援助する側も失望させられることが多々ありますが，そのむなしい気持ちこそ，この子たちが今までに家庭や学校で味わってきた気持ちにほかならないのです。子どもたちは，小さい時から何度も親や先生に失望し，気持ちをわかってもらえないと感じています。今度は，その気持ちを大人が引き受ける番なのかもしれません。

　もちろん改善されるに越したことはありませんが，怒濤の時期にそれ以上悪化させなかったことにも価値があるといえます。その事実を，きちんと認めることも大切でしょう。

前者から後者への財産とは？

　以上のように，子どもの学年や学校が変わるときには，目に見えないプラスの財産もマイナスの財産も，子どもとともに引き継ぎがれていきます。プラスの財産が引き継がれていけば，後任者は幸運な滑り出しができるでしょう。いっぽう，マイナスの財産が引き継がれてしまうと，スタートから大変厳しいことになります。

　このように，援助者がバトンタッチするときには，目に見えない財産も引き継がれているのだという視点がないと，今まで述べてきたような誤解が生まれてきます。

　目に見えない財産を，目に見える形にして引き継いでいく「引き継ぎ」のあり方が，とても大切なことがわかっていただけたでしょうか。これは，子どもに負担をかけないという意味でも大切なことです。私たち援助者にとって，いま目の前にいる子どもに必要な援助を，必要な時に行うために，前の援助者の履歴（このように働きかけたら，このように子どもが反応した）を知ることが大切なのです。

第9章 援助シートを使った事例

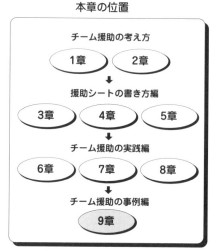

　第9章では，援助の方法に焦点を当てて事例を紹介します。事例ごとに，援助のポイント，援助期間などの情報についても，参考までにまとめました。とくに援助のポイントは，学校で行う援助という視点からまとめました。それらのことから，シートを使ったチーム援助の具体的なイメージをつかんでいただければと思います。また，記入した援助チームシートの例も掲載しています。

　なお，これらの事例は実際に行った援助をもとにしていますが，プライバシー保護のために複数の事例を組み合わせ，内容などを修正しています。

　また本章では，「保健室登校」「相談室登校」に関する援助の事例が出てきます。保健室登校・相談室登校は，子どもの学校生活でのおもな場所が，保健室や相談室である場合をさします。

　ところで，ここでは小学校と中学校での不登校関係の事例を中心に紹介しましたが，このほかにも現代の子どもたちが，さまざまなストレスを抱えていることは周知のとおりです。リストカットやアームカットはもはや珍しくなく，子どもたちは，「リスカ」「アムカ」などと呼んでいます。そのほかにも，拒食，いじめ，虐待，家出など，さまざまな問題を通して，子どもたちはＳＯＳを出しています。関係機関との連携など，危機介入が必要なことも少なくありません。

　子どもたちがどんな問題に出合ってしまっても，子どもたちを援助する人は，専門家を含めた援助資源のネットワーク（P.55コラム11参照）をもつことが欠かせないことを，第9章の事例をとおして実感していただけたら幸いです。

（掲載した援助チームシートは★印の時点で使用したものです。また，援助資源チェックシートは紙面の都合から割愛しました）。

1 ハルコの不登校に関する援助

> **経緯**
>
> ハルコは小学5年生。5月の給食当番の時に，あやまってアキラの肩にスープをかけてしまった。驚いたアキラが反射的に突き飛ばした時に，ハルコの顔にフォークでひっかき傷をつくってしまった。傷が浅かったことと，ハルコが「自分が悪かった」と担任に謝ったため，担任はどちらの保護者にも連絡をしなかった。そのことがきっかけで，ハルコの母親が担任を批判し，その後にハルコは学校を休むようになった。

（1）母親の不満

5月の事件の日，ハルコの右の頬は赤くはれていました。驚いた母親が問いつめると，ハルコは，給食のスープをアキラにかけてしまい，驚いたアキラのフォークが顔に当たったことをしぶしぶ話しました。そして，自分から担任に謝り，担任も特にはアキラを叱らなかったことを話しました。

母親は，「ハルコはわざとやったわけではない。カーっとなってこんなに傷つけたアキラが悪い。目に入ったら大変だった」と，翌朝，いやがるをハルコを病院に連れて行きました。それから母親はハルコに学校を休ませ，「今，病院に行ってきた。こんな傷を負わされたのだからアキラが謝るべきだ」と担任に抗議の電話をしました。びっくりした担任は，事情を説明しました。しかし，誠意が感じられないと怒った母親は，関係機関にも電話をし，事がどんどん大きくなっていきました。

1カ月が過ぎ，怒りの少し収まった母親が，ハルコを登校させようとしましたが，ハルコは学校に行けなくなってしまいました。

（2）母親との面談

6月上旬，ハルコの休みが続き，心配した担任が，母親に学年主任と会ってみるよう勧めてみました。母親は，学年主任に今までの怒りをぶつけました。父親は今回の事件にまったく関心を示しておらず，そのことがいっそう母親のイライラを募らせていることもわかりました。しかし，学校を休んでいるハルコについては話が出ませんでした。

そこで学年主任は，母親に「事件のこと」と「ハルコへの心のケア」を分けて考えることを提案しました。事件については管理職との相談を勧め，学校へ行けなくなっているハルコについては，養護教諭との面接を始めることにしました。

事件のことも決着していないうえに，ハルコの不登校が重なり，母親も疲労していました。そして，暗い表情のハルコとどのようにかかわっていいのかと悩んでいました。

（3）援助チームでの話し合い

7月に入り，ハルコは，養護教諭に会いました。ハルコは，大騒ぎになって，みんなから注目され，学校に行けない気持ちについて話しました。友達からも冷たい目で見られていると思いこんでいました。

2学期初め，学年主任は，学級の様子を知

9 援助シートを使った事例

るためにも，担任を含めて話し合うことを母親に提案しました。さっそく，ハルコ・母親・担任・養護教諭・学年主任の話し合いがもたれました（援助チームシート参照★）。

担任と養護教諭は，ハルコの仲のいい友達が心配していることや，クラスの様子を話しました。ハルコからは，いま勉強が一番心配であると話されました。ハルコは悩みを言えたことでほっとした表情を見せ，その後は家で勉強をするようになりました。担任も定期的な家庭訪問を始め，ハルコの勉強の手助けをしました。母親もハルコに高圧的にかかわっていたことに気づき，少しずつかかわり方を変えていきました。

その後に母親は，「事件では娘だけでなく，自分自身も傷つけられたかのように感じて，意地になってしまった」と話し，事件を蒸し返さなくなりました。

3学期にも同じメンバーでの話し合いをも

ちました。ハルコは表情も明るくなり，自分のしたいこと，したくないことを口に出せるようになりました。しかし，ハルコは申し訳ないという気持ちから，アキラと顔を合わせられず，どうしても登校する勇気がもてませんでした。

6年生のクラス替えがあってから，ハルコは学校に通えるようになりました。

【援助のポイント】

①「学校に対する不満（a）」と「子どもの心のケア（b）」は分けて対応する。
　例）a…管理職，学年主任など
　　　 b…担任，養護教諭など
②問題発生のきっかけとなった出来事はていねいに取り上げ，誠意をもって対応する。
③保護者や子どもの気持ちに寄り添う。

● 援助期間　　　　　　小学校5年生　1学期～3学期末まで（約1年間）

● コーディネーター　　学年主任

● いつ援助シートを使ったか

1回目1学期……援助開始時に，学年主任と保護者の面談に使用。

2回目2学期初め★……ハルコ・担任・保護者・養護教諭・学年主任の話し合いで使用。

3回目3学期……その後のハルコの援助と，学年が変わったあとのハルコの周囲の環境調整や引き継ぎ資料を兼ねて作成。

● シートがきっかけになってわかったことや情報

・保護者は担任やアキラの親から謝罪がないことに腹を立て，ハルコは勉強の遅れを悩んでいた。この食い違いが明らかになり，ハルコの学習面，心理・社会面，進路面，健康面に，保護者が広く目を向けるきっかけになった。

・ハルコや保護者のしてほしいことがわかり，援助者がそれを共通理解できた。

ハルコの不登校に関する援助（小学校）

石隈・田村式 援助チームシート

実施日　：○○年９月○日（○）　15時40分〜16時40分　第2回
次回予定：翌×年１月×日（×）　15時40分〜16時40分　第3回
出席者名：ハルコ，母親，担任◎◎◎，養護教諭◇◇，学年主任△△
　　　　　　　　　　　　　　　　　　　　　　　　（コーディネーター）

苦戦していること（　登校できない　　　　　　　　　　　　　　　　　　　　）

児童生徒氏名 5年 4組 3番 [ハルコ] 担任氏名 [◎◎◎]		学習面 （学習状況） （学習スタイル） （学力）　など	心理・社会面 （情緒面） （ストレス対処スタイル） （人間関係）　など	進路面 （得意なことや趣味） （将来の夢や計画） （進路希望）　など	健康面 （健康状況） （身体面の様子）　など
情報のまとめ	（A） いいところ 子どもの自助資源	・図工が得意 ・学習意欲がある	・おとなしい ・がんばり屋 ・きちょう面 ・正義感がある ・やさしい	・「保育園の先生になりたい」という夢 ・絵を描くのが好き	・健康
	（B） 気になるところ 援助が必要なところ	・授業を受けていないため，学習に遅れがある	・人の顔色をみる ・言いたいことが言えない ・遠慮がち（したいことを我慢する） ・自信がない		・体力がない ・食欲がない
	（C） してみたこと 今まで行った あるいは 今行っている 援助とその結果	なし	・友達の手紙を担任が届けた。ハルコは返事を書いた。	なし	なし
援助方針	（D） この時点での 目標と援助方針	1 事件への対応とハルコへの対応を分けて考える 2 ハルコの心理的な安定（本当の気持ちを少しずつ表現できるように） 3 学習の遅れを具体的にフォローする 4 保護者を支える			
援助案	（E） これからの援助 で何を行うか	①現在学習している内容を伝える （ノートのコピーを渡す） ②担任が家庭訪問して勉強をみる	①事件への対応 ②したいこと・したくないことなど本人の気持ちを聞く ③ハルコの定期的な面接を行う ④友達との接点を絶やさない ⑤友達が負担にならないようフォロー ⑥保護者を支える	①得意な絵で担任や友達とノート交換をする	①体力づくり （母と夜の散歩） ②悩みを聞いて気持ちを楽にする （食欲につながる）
	（F） 誰が行うか	①担任・学級生徒 ②担任	①管理職 ②担任・保護者・養護教諭 ③養護教諭 ④⑤⑥担任・学年教師 　学年主任・養護教諭	①担任	①保護者 ②保護者・担任・学年主任・養護教諭
	（G） いつから いつまで行うか	①②とりあえず今月末まで	①9月中 ②〜⑥次回話し合いの時まで	①今年度末まで	①②今年度末まで

©Ishikuma & Tamura 1997-2003

9 援助シートを使った事例

2 ナツコの保健室登校に関する援助

経緯

ナツコは小学校6年生。進級直後から欠席が目立っていた。保護者は登校させることに必死で，行けない原因は学校の対応にもあると考えている。担任は援助に意欲的だが，保護者とうまくいかず疲れが目立ち始めている。養護教諭が担任と保護者の間に立ち，これまでサポート役を務めてきた。

（1）保健室登校の開始

ナツコは，友達づくりが苦手で，グループ学習や体育などを極端に嫌っていました。両親は，ナツコが学校に行きたがらないのは，いじめられているからだと強く信じていました。そのため，担任が学級での様子をていねいに伝えても，母親は納得しませんでした。

5月，担任は緊急避難として保健室登校を勧めました。養護教諭も，「ナツコさんが気持ち悪いと言ってますから，保健室で様子をみましょう」と誘いかけました。両親も「欠席が続くよりは……」と，その申し出をしぶしぶ認め，保健室登校を開始しました。

（2）保護者・担任・養護教諭の連携

5月半ば保健室登校が開始されて間もなく，「早く学級へ戻るように」と母親がせき立てるようになり，ナツコが学校に行くことを渋るようになってきました。そこで担任と養護教諭が話し合い，保護者を交えての話し合いが行われました（援助チームシート参照★）。

話し合いでは，まずナツコのいいところを確認し，それから援助が必要なところを確認

しました。話のなかで，保護者の知らなかった事実や，逆に担任や養護教諭の知らないナツコの家庭での一面が明らかになりました。

保護者は，ナツコが担任の先生に憧れていることを始めて知りました。また，担任や養護教諭は，ナツコが絵本作家になりたいという夢をもっているのに，今からその夢をあきらめかけていることを知りました。

話し合いのなかで，ナツコにとって今いちばん必要なことは，「居場所」であることが確認できました。また，保健室にはほかの生徒も自由に出入りするため，ナツコにとって安心できる居場所にはなっていないことがわかりました。そこで，担任と養護教諭が，保健室の一角についたてを立て，そこに机を置いてナツコの席をつくることを提案しました。

母親は大変喜び，家庭も安心した居場所になるように，自らのかかわりにおいてもナツコをせき立てずに，ナツコの気持ちに耳を傾けたいと話しました。担任と養護教諭も，学校でも同じように対応することを話し合いました。またナツコと保護者との面接を養護教諭が行うことや，保護者と担任と養護教諭が連絡を密にとることを確認し合いました。

（3）ナツコとのかかわりを深める

養護教諭との話し合いのなかでは，5年生の時の嫌な友人関係の思い出を引きずっており，友達を信じられない気持ちがナツコから語られました。友達に非常に気を使うために，

学校から帰るとぐったりすることも話されました。また，兄妹の中で自分がいちばんかわいがられていないと感じていることもわかり，家で元気をもらえないと訴えました。

養護教諭はナツコに，とくに現実場面での悩みについては，担任にも話すように促しました。ナツコは，グループ学習や体育でペアを組む時に，トモエが嫌そうな顔をしていることを，担任に話しました。

（4）担任の働きかけ

ナツコの話を誤解だと直感した担任は，給食を保健室に運ぶ係のなかに，さりげなく，トモエを入れました。

最初は緊張していたナツコも，トモエが自分と同じように先生や友達の顔色を見ながら話をする姿を見て，トモエに親近感をもつようになりました。またトモエもナツコへ親近感をもち始め，休み時間ごとにプリントを持っていったりするようになりました。

担任は，ナツコの好きな絵本の話題を通して心のつながりを深めていきました。養護教諭は，ナツコと同様にトモエをほめてサポートするようにしました。ナツコは，トモエの働きかけを通じて行事や学級にも少しずつ出られるようになっていきました。

【援助のポイント】

①子どもと担任の関係を大切にする。
②保健室登校では，担任も保健室に顔を出して子どもとよい関係を続ける。
③友達との関係を促進するために環境面の工夫（道具的サポートP.44参照）を行う。ただし複数の子どもたちをいきなり呼ぶと，心ないことを言ってしまって，傷つける場合がある。例えば「いいな，保健室登校で……。ずるい」など。
④養護教諭を支える校内援助資源を見つけ，連携する。
⑤保健室登校へ甘やかしなどの批判が出ないよう，共通理解を図る。
⑥養護教諭,担任,保護者の連絡を密にとる。

●援助期間　　　　　　小学校6年生　1学期～卒業まで（約1年間）

●コーディネーター　　養護教諭

●いつ援助シートを使ったか

1回目1学期★……援助開始時の，担任・保護者・養護教諭・スクールカウンセラーの話し合いに使用。

2回目2学期初め，3回目3学期初め……軌道にのった援助を次のステップに進めるために使用。援助方針や援助案を修正した。

●シートがきっかけになってわかったことや情報

・ナツコは絵本作家への夢をもっており，それをあきらめかけていることがわかった。また国語が得意な担任に憧れていることから，絵本や詩をきっかけにして，ナツコと担任の関係を深めることができた。これによりナツコは夢をもち続けられ，保健室に通う意欲づけとなった。

・ナツコが家庭で見せる一面と，学校で見せる一面の違いを，共通理解した。

125

9 援助シートを使った事例

ナツコの保健室登校に関する援助（小学校）

石隈・田村式 援助チームシート

実施日　　：〇〇年5月〇日（〇）10時40分～11時30分　第1回
次回予定　：××年7月×日（×）10時40分～11時30分　第2回
出席者名　：母親，担任◎◎◎，養護教諭◇◇◇
　　　　　　　　　　　　　　　　　　　（コーディネーター）

苦戦していること（　　　　学級に入れない　　　　　　　　　　　　　　　　　　　　）

児童生徒氏名 6年 5組 4番 ナツコ 担任氏名 ◎◎◎		学習面 （学習状況） （学習スタイル） （学力）　　など	心理・社会面 （情緒面） （ストレス対処スタイル） （人間関係）　など	進路面 （得意なことや趣味） （将来の夢や計画） （進路希望）　など	健康面 （健康状況） （身体面の様子）　など
情報のまとめ	（A） いいところ 子どもの自助資源	・作文や詩が得意 ・絵やイラストが好き ・自習ができる	・手伝いをする ・（相手の好意を無にしないよう）友達に気をつかう ・時と場をわきまえる	・絵本作家になる夢	・おおむね健康
	（B） 気になるところ 援助が必要なところ	・テストを受けるのに躊躇する時がある ・テストの点数や家庭学習のノルマへこだわりがある	・顔色を見て言いたいことを我慢する ・安心できる場で人とのかかわりを拡大 ・否定的なことや嫌なことの自己主張	・夢をあきらめかけている	・気分に左右されて元気や食欲がなくなる ・体力が少ない
	（C） してみたこと 今まで行った あるいは 今行っている 援助とその結果	・保健室で学習したものを見て担任が一筆入れる	・保護者や担任が，ナツコの約束を守る（約束が守られないと，相手を許さない一面がある）	なし	・運動へ誘いかけたがナツコはしたがらない。
援助方針	（D） この時点での 目標と援助方針	1　居場所づくり（保健室にナツコの席をつくる） 2　ナツコの気持ちを尊重する 3　人に気をつかうあまり自分の気持ちを偽っていないか，気持ちの言語化を促す 4　ナツコがやりたいことを安心して行えるようにかかわる			
援助案	（E） これからの援助 で何を行うか	①勉強したものや作品の提出を求める ②インターネットへの誘いかけ（好きな絵本作家について調べる） ③学習の遅れについて，ナツコや両親の不安を聞く	①ナツコのいいとこ探し（両親の宿題） ②担任（ナツコの憧れ）がモデルになる ③ナツコとの面接（定期的に） ④行事を通じて他の子どもとかかわる ⑤いやなことを表現できるように	①担任が絵本や詩の話をしてナツコにかかわる ②ナツコの夢を育てる	①家庭で体を動かすことを家族が誘いかける（運動の必要性） ②折りを見て担任もバドミントンなどに誘ってみる
	（F） 誰が行うか	①担任 ②担任・保護者 ③担任・学年主任	①保護者（養護教諭との面接） ②担任 ③養護教諭 ④担任・学年教師 ⑤保護者・担任・養護教諭	①担任 ②保護者・担任・養護教諭	①保護者 ②担任
	（G） いつから いつまで行うか	①いつでも ②次回の話し合い時まで ③折りをみながら	①～⑤次回の話し合い時まで ↓ 次回修正	①②次回の話し合い時まで	①次回の話し合い時まで ②休日等

©Ishikuma & Tamura 1997-2003

3 アキコの相談室登校に関する援助

> **経 緯**
>
> アキコは中学校3年生。1年生の時にはかぜで時々休むことがあった。2年生の新人戦前に部活を急にやめたが，それ以外はこれといった変化は見られなかった。しかし，3年生になったとたんに学校を休み始めた。そのため，心配した担任と教育相談担当が相談室登校を勧めた。

（1）相談室登校の開始

　学校を休み始めた4月半ば，両親はアキコを力ずくで登校させようとしました。しかし，アキコは暴れ泣き叫び，とても登校できる状況ではなかったため，思いあまった母親が相談に来ました。担任と教育相談担当は，アキコの「友達の視線が怖くて学級に入れない」という気持ちを聞き，校内の相談室へ登校を勧めてみました。アキコが，なんとか通えそうだと話したため，相談室登校を開始しました。

（2）保護者を交えた話し合い

　5月から相談室登校を開始すると同時に，担任・保護者・教育相談担当が第1回目の話し合いをもち，以下のことを話し合いました。

・家庭や学校（相談室）で，アキコへ安心感を与える。
・教育相談担当がアキコの面接を開始する。
・教育相談担当が面接で保護者の心理面を支える。
・担任と保護者の連絡を密にとる。

　アキコは，時間を遅らせて人目を避けながら登校し，給食前には帰るという状態を，週2

日のペースで続けました。アキコには，緊張しやすさと過敏さと不安の強さがありました。

　両親と教育相談担当との面接では，両親のあせりが語られました。しかし，アキコが安心感を得られないと次のステップにはつながらないことに，両親も気がついていきました。また担任もアキコのペースを見守る姿勢だったため，アキコは安心感を得て，少しずつ相談室登校ができる日が増えていきました。

　アキコは教育相談担当との面接のなかで，家庭や学校で嫌だったことを話し，少しずつ自分の夢について語るようになりました。

（3）相談室の運営

　7月から相談室登校の人数が増えたため，教育相談担当と養護教諭が核になって相談室を運営することになりました。教室に戻ることを勧めると，相談室登校の子どもたちは不安になり欠席が増えたり体調が悪くなるため，無理に教室を勧めるのではなく，相談室に登校しながら，先生や級友との交流を深めていくという方針を立てました。さらに，勉強をしたい生徒には，空き時間の先生方が顔を出して協力することを学校で決めました。

　教育相談担当は，相談室登校生徒の母親の会を月1回開き，「早く教室へ」とあせる親の気持ちなどについて話し合う機会をつくりました。アキコの母親も積極的に出席し，他の母親たちと行き来し，明るい笑顔が見られるようになりました。

9 援助シートを使った事例

（4）進路決定を控えた話し合い

2学期に入り、アキコはずいぶんと明るくなりましたが、進路の不安を担任や教育相談担当に話すことが多くなりました。そこで担任・保護者・教育相談担当とで3回目の話し合いをもち、援助方針や援助案を修正しました（援助チームシート参照★）。

新しい援助方針は、控えめなアキコが、「自分の気持ちを言葉で話せるように周りの大人がかかわること」にしました。さらに、相談室を拠点とした学校生活が安定してきたので、アキコが自分で目標を決めて挑戦することを考えることにしました。アキコは、行事への参加とテストを受けることを目標に決めました。うまくいかなかった時には、家庭と相談室が逃げ場になり、フォローすることを確認しました。

アキコは、テストを受け、担任の先生からもらった課題はほとんど提出しました。運動会や文化祭などへは、自分なりに悩みながら、クラスの後ろの方で少しだけ参加しました。

アキコは、勉強が遅れているという不安を抱きながらも、自分がいましなければならないことを担任と確認し合いながら、実行していきました。その結果、自分がいちばん行きたかった高校に進学していきました。

【援助のポイント】

①相談室などの現実場面での援助と、子どもの心の内面の援助の両面を大切にする。
②相談室登校に対して甘やかしなどの批判が出ないよう、教師間の共通理解を行う。
③子どもとの信頼関係を大事にする。
④個別面接や相談室登校の親の会などで、保護者を支える。
⑤教室復帰は段階的に促す。親からの禁句の声かけは、「教室へ早く戻れ!」「勉強しろ!」、先生からは「授業へ出ろ!」など。
⑥級友とのかかわりを促進し、学級での居場所をつくる。

● 援助期間　　　　　　中学校3年生　1学期〜卒業まで（約1年間）

● コーディネーター　　教育相談担当

● いつ援助シートを使ったか

1回目1学期初め・2回目1学期半ば……援助開始時に、担任・保護者・教育相談担当のコア援助チームでの話し合いで使用。

3回目2学期初め★・4回目2学期末……軌道にのった援助を次のステップに進めるために使用。援助方針や援助案を修正した。

● シートがきっかけになってわかったことや情報

・アキコがなぜ教室に入れないかを、保護者や担任や教育相談担当の前で見せる姿の違いから共通理解できた。そしてアキコの学校生活をどう援助するかを考える助けになった。

・進路や学習のことなど、アキコが抱えている現実的な課題を知ることができた。援助を現実的な問題と心理的な問題を含めた、総合的な援助の計画を立てられた。

128

アキコの相談室登校に関する援助（中学校）

石隈・田村式 援助チームシート

実施日 ：〇〇年９月〇日（〇）16時00分〜16時50分 第３回
次回予定：××年12月×日（×）16時00分〜16時50分 第４回
出席者名：母親，担任◎◎◎，教育相談担当◇◇◇
　　　　　　　　　　　　　　　　　　　　　（コーディネーター）

苦戦していること（　　　相談室登校。学級に入れない　　　　　　　　　　　　　　）

児童生徒氏名 3年 2組 1番 アキコ 担任氏名 ◎◎◎		学習面 （学習状況） （学習スタイル） （学力） など	心理・社会面 （情緒面） （ストレス対処スタイル） （人間関係） など	進路面 （得意なことや趣味） （将来の夢や計画） （進路希望） など	健康面 （健康状況） （身体面の様子） など
情報のまとめ	（A） いいところ 子どもの自助資源	・相談室で勉強するようになった	・やさしい ・現実を受け入れ安定してきた ・友達とのかかわりができてきた	・獣医になる夢 ・ネコが好き ・高校進学希望	・身体の調子がよくなった ・生活リズムが整った
	（B） 気になるところ 援助が必要なところ	・数学が苦手 ・勉強の補習	・あいまいな表現が多い（気持ちを表面に出さない） ・相手に気をつかう	・志望校を聞く ・両親の希望と本人の夢の不一致	・特になし
	（C） してみたこと 今まで行った あるいは 今行っている 援助とその結果	・学習の援助	・担任が気持ちを受け入れてかかわる。アキコの気持ちと行動が一致してきた	・将来の職業の夢(獣医)について，情報提供を担任が行った	・養護教諭が話をするようにした ・頭痛，腹痛が気にならなくなった ・行動的になった
援助方針	（D） この時点での 目標と援助方針	1 アキコが自分の気持ちを言葉で表せるようにかかわる 2 出られそうな行事に参加する 3 テストを受けてみる 4 逃げ場をつくる			
援助案	（E） これからの援助 で何を行うか	①作品を提出して評価をもらう(作文や美術等) ②家庭教師との勉強を継続する（学習の遅れの解消） ③学習の援助。選択肢を示して本人に選ばせる。テストを受けるなど	①気持ちを言葉で表せるように促す ②現実場面でしなければならない事をあと押しする。行事への参加など ③挑戦した時の逃げ場の確保(家庭と相談室)	①進路に対する不安を聞く ②志望校の情報提供 ③私立高校の受験情報の提供 ④進路についての話し合い（アキコ・保護者・担任）	①健康観察 ＊特に心配なことはなし
	（F） 誰が行うか	①教科担当，担任 ②保護者 ③担任中心に学年で	①母親・スクールカウンセラー・教育相談担当 ②担任 ③母親・教育相談担当	①担任 ②教育相談担当 ③担任・進路指導担当 ④保護者・担任	①養護教諭・保護者・担任
	（G） いつから いつまで行うか	①〜③ 今日から卒業まで	①〜③ 今日から卒業まで	① 折をみて ②③今から ④ 2学期中に	①今日から卒業まで

©Ishikuma & Tamura 1997-2003

9 援助シートを使った事例

4 適応指導教室に通うサトルへの援助

> **経　緯**
> サトルは，中学1年生の1学期から欠席が目立っていた。夏休み明けからは完全な不登校になり，家から出られない状態が続いた。そこで，担任が適応指導教室への登校を勧め，卒業まで，学校と適応指導教室が連携して援助した。

(1) 適応指導教室の紹介

夏休みあけ，サトルは家から外に出ない日が続いていました。担任やスクールカウンセラーは母親の話を聞いて，対人関係に敏感で，さらに友達づくりも苦手なサトルは，教室にはもちろん，保健室や相談室にも登校することは難しいと感じました。またサトルが欠席日数を非常に気にしており，学校以外の場所だったら通えそうだということがわかったので，適応指導教室を紹介することにしました。

サトルに適応指導教室をどう勧めるかなどを含めて，担任，保護者，スクールカウンセラー，適応指導教室の相談員で，事前に話し合いをもちました。この4者での話し合いは，「拡大援助チーム」と位置づけられます。

その結果，担任と相談員が家庭訪問をして，サトルの好きな熱帯魚の話題などで少しずつ関係を深め，それから適応指導教室を勧めてみることにしました。

(2) 適応指導教室と学校の連携

9月半ばから，担任と相談員の家庭訪問が始まりました。10月に入るとサトルはしだいに，担任や適応指導教室の相談員に心を開くようになり，週に1，2日程度，短時間だけ適応指導教室に通えるようになりました。そこで10月半ばに，今後の援助について，担任，保護者，スクールカウンセラー，適応指導教室相談員の4人で話し合いをもちました（援助チームシート参照★）。

この時点での援助方針は，サトルと信頼関係をつくることを目標にしました。担任は家庭訪問を続け，相談員はタイミングを見て適応指導教室に通える日数を増やせるように後押しをすることにしました。スクールカウンセラーは，母親がサトルとのかかわり方にとまどいを抱いていたため，保護者面接を継続することにしました。

2年生になると，サトルは適応指導教室へ喜んで通うようになりました。またサトルが「夜なら学校へ行ってもいい」と話したため，担任と連絡をとりながら，週1～2回放課後登校も開始しました。

(3) 相談室登校へ

3年生になると，サトルは担任に勧められて，スクールカウンセラーの面接日だけ校内の相談室に登校するようになりました。さらにその後，緊張しながらも，適応指導教室と相談室に，半々の日数を通うようになりました。そして，1学期の終わりには，学校の相談室で毎日過ごせるようになりました。

相談室でサトルは，雑談や勉強をして過ごしました。教育相談担当は，相談室での生活

について相談にのり，空き時間の先生が，相談室登校の子どもたちに勉強を教えられるようシステムを整えました。また担任は，1日1回は顔を出して声をかけ，行事や勉強の悩みなどの相談にのりました。スクールカウンセラーは，サトルの不安や家庭での不満に耳を傾けました。また，相談室登校の子どもの「保護者の会」を月1回定期的に開き，保護者同士の支えあいの場や，先生方との連携の場としました。

（4）相談室登校から教室登校へ

2学期になると，進学の問題もあり，サトルはイライラすることが多くなりました。休み時間などに級友と会えるようになっていたサトルは，学級の様子を級友に尋ねるようになってきました。あるときサトルが，「クラス名簿はもっているが，みんなの顔がわからない」と話したため，担任は学級全員の写真を撮ってサトルに見せました。

しばらくして，サトルは担任の授業にだけ参加できるようになりました。そして他の授業や行事にもときどき出られるようになり，卒業式にも参加して進学していきました。

【援助のポイント】

①適応指導教室には，学校の先生方も顔を出して子どもとかかわる。
②学級からその子への働きかけが，自然に芽生える下地をつくる（例えば担任が常にその子どもに関心をもち，学級の一員であると思っていることを，他の学級の子どもたちに伝える）。
③ゆっくりあせらずにタイミングを見て，級友の名前や顔，学級の様子をその子どもにも伝える。
④学校と適応指導教室が連絡を密にとる。担任・保護者・適応指導教室の相談員・スクールカウンセラーの拡大援助チームで行う話し合いを位置づける。

●援助期間　　　　　　　中学校1年生　2学期〜卒業まで（約2年半）

●コーディネーター　　　スクールカウンセラー

●いつ援助シートを使ったか

1回目1年生2学期初め……適応指導教室に登校開始時，担任・保護者・適応指導教室の相談員・スクールカウンセラーの，拡大援助チームでの話し合いで使用。

2回目1年生2学期半ば★〜8回目毎学期……軌道にのった援助を，次のステップに進めるために使用。援助方針や援助案を修正した。また進級時には，その後のサトルへの援助と次年度の環境調整を行なうための引き継ぎ資料を兼ねて作成した。

●シートがきっかけになってわかったことや情報

・サトルの友達関係や趣味がわかった。これらの情報から，担任や適応指導教室の相談員が，サトルと信頼関係をつくり，かかわりを深めた。

・友達関係が苦手なことや学習の遅れなど，気になるところを共通理解した。これにより，あせらずにサトルの状況を見ながら援助を開始し，次の段階へと進むタイミングが図れた。

9　援助シートを使った事例

　適応指導教室へ通うサトルへの援助（中学校）

石隈・田村式 援助チームシート

実施日　　：○○年10月○日（○）15時00分〜16時00分　第2回
次回予定：翌×年1月×日（×）15時00分〜16時00分　第3回
出席者名：母親，担任◎◎，適応指導教室相談員◇◇，　SC△△△
（コーディネーター）

苦戦していること（　　　　　　適応指導教室に通っている　　　　　　　　　　　　）

児童生徒氏名 1年 2組 3番 サトル 担任氏名 ◎◎◎		学習面 （学習状況）（学習スタイル）（学力） など	心理・社会面 （情緒面）（ストレス対処スタイル）（人間関係） など	進路面 （得意なことや趣味）（将来の夢や計画）（進路希望） など	健康面 （健康状況）（身体面の様子） など
情報のまとめ	（A）いいところ 子どもの自助資源	・理科が好き	・真面目 ・週1,2日は適応指導教室に通える	・熱帯魚が好き ・高校進学希望	・健康
	（B）気になるところ 援助が必要なところ	・学習意欲がない ・テストへの抵抗がある	・友達づくりが苦手 ・否定的なことや嫌なことの自己主張	・目標に向かって努力ができない	・運動不足 ・気分の悪い時が多い
	（C）してみたこと 今まで行った あるいは 今行っている 援助とその結果	・適応指導教室に通うのを援助する。勉強を少しするようになった	・担任や相談員から話しかける。答えるようになってきた。	・趣味の話題で関係を深める	・運動の誘いかけ（父親とキャッチボール）
援助方針	（D）この時点での 目標と援助方針	1 適応指導教室や家庭をリラックスして過ごせる場にする（自分の好きなことをする。嫌なことは嫌と自己主張できるようにかかわる）2 担任が適応指導教室に顔を出して一緒に遊ぶ（信頼関係をつくる）3 サトルと保護者の心理的な安定をはかる			
援助案	（E）これからの援助で何を行うか	①好きな教科の勉強の継続 ②学校のプリント類を定期的に必ず渡す	①自分の気持ちの言語化を促していく ②サトルの心理的安定を図る（定期的な面接）③適応指導教室で過ごせる時間を増やす ④保護者を支える	①熱帯魚の話題で関係を深めることの継続	①父親とのキャッチボールの継続 ②サトルの好きな運動を行う（卓球，バドミントンなど）
	（F）誰が行うか	①適応指導教室の相談員 ②担任	①保護者・担任・相談員・SC ②③相談員，担任，SC ④SC，相談員，担任	①担任・相談員・SC	①父親 ②相談員・家族・担任
	（G）いつから いつまで行うか	①②次回の話し合い時まで	①③次回の話し合い時まで ②④今年度末まで	①今年度末まで	①②今年度末まで

©Ishikuma & Tamura 1997-2003

5 タケシの学習の苦戦に関する援助

経　緯

　タケシは小学3年生。1年生の時からテストの成績が振るわず，授業中に頻繁にトイレに立ったり，忘れ物が多かったりした。何度教えても漢字や計算を理解しないタケシを，母親は頻繁に叱っていた。3年生になるとタケシは腹痛を訴えることが多くなり，学校に行きたがらなくなった。あわてた母親が担任に相談した。

（1）特別支援教育担当への相談

　6月，担任は母親と話し合うとともに，タケシの状況について特別支援教育担当に相談しました。苦戦の状況は次のようでした。

（知的能力・学習面）1年生程度の計算や漢字ができず，教えてもすぐに忘れてしまう。宿題が完成しない。

（言語・運動面）言葉の理解力が低い。教師の指示がわからない。

（心理・社会面）最近，表情が暗い。授業中に鉛筆をガリガリとかじったり，頻繁な立ち歩きが目立つ。

（健康面）頭痛や腹痛で頻繁に保健室に行く。頻尿の傾向あり。

（生活面・進路面）机の中や下が，何度注意しても雑然としている。

　担任はタケシの学力の低さや忘れものの多さを心配し，母親に「しっかり家庭で見てください」と連日のように連絡していること，しかし一向に改善されず，お互いに疲労していることがわかりました。そして母親と担任

の関係が気まずくなっていました。

　特別支援教育担当と担任は，「やればできるはず」という発想を転換し，簡単な問題に「取りかかったらほめる」ようにして，タケシの自尊心を高めるという方針を立てました。

（2）校内委員会での話し合い

　特別支援教育担当は，タケシの学習や能力に偏りや遅れがある可能性も考え，7月上旬の校内委員会でとりあげることにしました。「校内委員会」とは，LD（学習障害）など，特別な配慮を必要としている子どもについての援助を話し合う機能をもつ組織のことです。そのメンバーは，管理職，特別支援教育担当，養護教諭，教育相談担当などで，とりあげられる事例の子どもの担任も出席します。

　校内委員会では，教育相談担当，担任，母親のほかに，他の教職員からの情報も加えて，タケシの学校生活での苦戦について話し合いました。さらに，学校でできる工夫を検討し，タケシの学習困難をきちんと把握するために個別の知能検査を行うことにしました。

（3）知能検査の実施

　特別支援教育担当は，タケシに，困っていることを手助けするために検査を行いたいと提案しました。タケシも母親も快諾したため，教育センターの相談員に依頼して，夏休みに，知能検査（WISC−Ⅲ）とその他の心理テストを数回に分けて施行しました。

　その結果，軽度の発達の遅れがあること，

9 援助シートを使った事例

言語的に理解する力は弱いが，パズルなど物を操作しながら問題を解く力は強い傾向がわかりました。さらに，心理的には神経質で過敏な一面があり，抑うつ的な傾向もあることがわかりました。腹痛や頻尿は，したいことを我慢し，したくないことをやらされているために心理的に無理が生じていることが一因と思われました。

（4）援助チームの話し合い

2学期に入り，周りにいる援助者みんなで，校内委員会の結果や知能検査等の報告をもとに，個別の援助案について具体的に話し合いました（援助チームシート参照★）。話し合いにはタケシも加わりました。

話し合いでは，タケシのコックになるという夢や得意なことを確認し，この時点での援助案を考えました。援助案の作成ではタケシや母親の意見が最大限に取り入れられました。

・漢字と計算は特殊学級に通い指導を受ける
・宿題はタケシにとって簡単なものを少なめに出し，母親はタケシの宿題の補助をする

・担任と母親は連絡を取り合う
・タケシの情緒面の安定を図るため，特別支援教育担当が，タケシと母親の面接を行う。

2ヶ月が過ぎ，担任から「授業中にトイレに立たなくなり，計算が少しずつできるようになった」との報告を受けました。母親からは，「いいところも弱いところも，タケシの個性だと受け入れられるようになりました」と語られました。タケシは情緒的に安定し，少しずつ学校生活の自信をつけていきました。

【援助のポイント】

①子どもの状況についての適切な理解を，保護者や担任が共有する（知能検査などの必要性。専門機関との連携）。
②検査結果を生かして援助を行う。
③「やればできる」から「とりかかったらほめる」に発想を転換し，子どものいいところを認めて自尊心を高める。
④保護者も傷ついているので，不安やつらさに耳を傾ける。
⑤専門機関などの他の援助資源を，必要に応じて活用する。

●援助期間　　　　　小学校3年生　2学期〜3学期まで（約半年間）
●コーディネーター　特別支援教育担当
●いつ援助シートを使ったか

1回目2学期半ば★……タケシ・保護者・担任・特別支援教育担当との話し合いで使用。

2回目進級時……今までの援助の評価をし，援助案を修正した。また，その後のタケシへの援助と次年度の環境調整を行うための引き継ぎ資料を兼ねた。

●シートがきっかけになってわかったことや情報

・タケシの学校生活における問題状況と具体的な援助方法がわかった。

・知的能力面や情緒面の問題について理解し，具体的な援助方法を話し合った。話し合いにはタケシ本人も参加し，自分がしてほしい援助について話したので，援助案を決定しやすかった。

| タケシの学習の苦戦に関する援助（小学校） |

【石隈・田村式 援助チームシート 5領域版】

実施日　：○○年11月○日（○）16時00分～16時50分 第1回
次回予定：翌×年2月×日（×）16時00分～16時50分 第2回
出席者名：タケシ，母親，担任◎◎◎，特別支援教育担当◇◇
（コーディネーター）

苦戦していること（　　学習面，とくに計算と漢字の苦戦。頭痛や腹痛の訴え　　）

児童生徒氏名 3年 2組 1番 タケシ 担任氏名 ◎◎◎		知的能力・学習面 （知能・学力） （学習状況） （学習スタイル） など	言語面，運動面 （ことばの理解や表現） （上下肢の運動） など	心理・社会面 （情緒面） （人間関係） （ストレス対処スタイル） など	健康面 （健康状況） （視覚・聴覚の問題） など	生活面，進路面 （身辺自立） （得意なことや趣味） （将来の夢や計画） など
情報のまとめ	（A） いいところ 子どもの自助資源	・興味のある理科はよく発表する ・物を操作して理解するのが得意	・身体的な問題はない ・サッカーが好き	・学校が好き ・友達は多い ・掃除等を一生懸命に行う	・体力がある ・健康	・コックになる夢
	（B） 気になるところ 援助が必要なところ	・1年次の計算や漢字の読み書きのつまずき ・宿題を完成させられない	・言葉の理解力が低い ・指示に従えない ・笛が苦手	・いやと言えない（つらくてもニコニコしている） ・表情が暗い ・鉛筆をかじる	・頭痛や腹痛を訴えて保健室に頻繁に来る ・頻尿がある ・聞き返すことが多い	・机の中や下が雑然としている
	（C） してみたこと 今まで行った あるいは 今行っている 援助とその結果	・保護者と連絡を頻繁にとった（担任）	・何度も注意した（担任・母親）	特になし	・様子を観察（養護教諭）	・注意したが改善されない（担任）
援助方針	（D） この時点での 目標と援助方針	1　個別学習の援助 2　心理面のケア 3　保護者が子どもにかかわりやすくなるよう支える 4　チームを組んでタケシにかかわると同時に，担任をサポートする				
援助案	（E） これからの援助 で何を行うか	①個別学習の援助（特殊学級に通級。パズルなどを活用する） ②「やればできる」から「とりかかったらほめる」 ③宿題の補助。短時間でできる分量を出す	①むやみに叱らず，ゆっくり繰り返し話す ↓ 実際にやって見せる ↓ とりかかったらほめる（時間は短め）	①自己肯定感を高める（些細なこともほめていいところを伸ばす） ②気持ちの言語化（「いや」が言えるように） ③スキンシップで甘えを満たす	①リラックスできる環境提供 ②本人の話をよく聴く（心理的な安定の促進）	①友達と一緒に机の中をかたづける。とりかかったらほめる ②料理の話題など，本人の興味の世界につきあう
	（F） 誰が行うか	①特別支援教育担当・担任 ②特別支援教育担当・担任・保護者 ③特別支援教育担当・保護者	①保護者・担任	①②担任・保護者・その他の教師 ③保護者（特別支援教育担当の面接を受ける）	①養護教諭・担任・保護者 ②特別教育支援担当	①担任 ②保護者・担任
	（G） いつから いつまで行うか	①②③修正を加えつつ今年度末まで継続	①修正を加えつつ今年度末まで継続	①②③修正を加えつつ今年度末まで継続	①②修正を加えつつ今年度末まで継続	①②修正を加えつつ今年度末まで継続

©Ishikuma & Tamura 1997-2003

9 援助シートを使った事例

6 リョウの校則違反に関する援助

経緯

リョウは中学3年生。小学校の頃から勉強についていけず，友達と喧嘩を繰り返し，先生に叱られることが多かった。中学になると非行傾向の先輩と行動を共にすることが多くなり，友達は怖がってリョウから離れていった。リョウの両親は中2の時から別居をしていた。その頃から，リョウが同級生を殴る事件が頻発した。茶髪と服装違反のズボンのため，登校すると担任が職員室で指導し，その後に下校させていた。

（1）リョウへのチーム援助の開始

4月，リョウはたまに登校してくると，茶髪にピアス，太いズボンに短い上着で職員室に座っていました。女性の先生や事務員さんや栄養士さんから声をかけられると，上目遣いのきつい表情から笑顔に変わり，その差が印象的でした。

4月下旬，リョウは，担任の指導後に生徒指導担当と話をすることになりました。イスに浅く腰掛け，足を投げ出し，ブスっとしていましたが，生徒指導担当の体調を問う質問に，「夜が眠れない」と訴えました。それを皮切りに，次のようなことを一気に話しました。

「視線を感じるとイライラして友達を殴りたくなる。小学校から勉強がわからずバカにされた。事件があればぬれぎぬを着せられ，先生に叱られて暴れた。家族もみんな命令ばかりするから大嫌いだ。パシリをしないと殴られるから，先輩からも本当は離れたい」。

リョウは，元来は小心で過敏な性格であり，家庭でも学校でもストレスを大きく感じていました。さらに，親や親戚などの言動がモデルとなり，「やるか，やられるか」「喜んでも怒っても殴る」などの表現方法をもっていることがわかりました。

そこで，生徒指導担当は担任と養護教諭と話し合い，「だめなものはだめ」という厳しい部分と，リョウの気持ちに寄り添って少しずつ信頼関係を築くことの2つを大切にすることにしました。生徒指導担当と学年主任はおもに厳しい部分を意識し，担任と養護教諭はおもに信頼関係を意識して関わることにしました。

（2）リョウの行動の変化

5月になると，リョウは相変わらず学校の外では先輩たちと一緒に行動していましたが，学校に登校してくる日が多くなってきました。しかし，校則違反で学級には入れないため，相談室・保健室でおもに過ごしました。

保健室では，担任と養護教諭がリョウの話に耳を傾けました。また，あいさつができないなどのために大人から誤解されることが多いので，少しずつその援助もしていきました。リョウの体を気遣って担任が給食を勧めると，少しずつ給食も食べるようになりました。

6月上旬，リョウは顔色もよくなり，夜も比較的眠れるようになりました。すると，学校が暇だと言い出すようになりました。

（3）保護者を含めた話し合い

その頃に，母親・担任・養護教諭・生徒指導担当での話し合いを行いました。リョウから聞く印象とは異なり，母親はおどおどしていました。母親によると，夫が家族に暴力的にかかわり，そのやり方をリョウに強要しているとのことでした。担任と母親を中心に，今後どのようにリョウに接していくかを話し合いました（援助チームシート参照★）。

働いている母親は，担任が定期的に面接をすることにし，リョウとの面接は養護教諭が担当することにしました。また折を見て，担任・母親・養護教諭・生徒指導担当で話し合いを行うことを確認しました。

2学期になると，リョウは少しずつ心を開き，小さい頃の話や夢，学校で面白かったこと，嫌だった体験などを，よく話すようになりました。母親も頻繁に連絡をくれ，家庭で

のリョウの様子もわかってきました。

3学期になり，リョウは髪を黒く戻しましたが，教室に戻ると人を殴ってしまうかもしれないと言い，自分から保健室や相談室で過ごしました。そこでは，手先の器用さを生かして技術の課題作品を作りました。

リョウは，親戚の紹介で大工見習いとして働くことが決まり，卒業していきました。

【援助のポイント】

① 「制限」と「受容」の両面でのかかわりが必要。これらを援助チームで行う。
② 本人の自尊心を高める。
③ 保護者がいままでしてきた努力を認め，一貫して安定した対応ができるように保護者を援助する。
④ 子どもと担任のよい関係を促進する。
⑤ 必要があれば，警察や児童相談所などの関係機関と連携する。

- ●援助期間　　　　　　中学校3年生　1学期～卒業まで（約1年間）
- ●コーディネーター　　生徒指導担当
- ●いつ援助シートを使ったか

第1回1学期初め……担任・養護教諭・生徒指導担当の話し合いで使用。

第2回1学期半ば★……保護者と連携がとれ，担任・保護者・養護教諭・生徒指導担当の援助チームでの話し合いで使用。

第3回2学期初め・第4回3学期初め……担任・保護者・養護教諭・生徒指導担当の援助チームでの話し合いで使用。

- ●シートがきっかけになってわかったことや情報

- ・リョウは自尊心が低く暴力的な意思表現が多いうえ，挨拶や規則正しい生活・食事などができていなかった。そのことが，さまざまな摩擦を引き起こしていることがわかった。

- ・体調面で不眠やイライラを訴えており，リョウは見かけは強がっているが，内面は人に対して過敏で臆病であると援助者が共通に理解した。

9 援助シートを使った事例

リョウの校則違反に関する援助（中学校）

石隈・田村式 援助チームシート

実施日 ：○○年６月○日（○）11時40分～12時30分 第２回
次回予定：××年９月×日（×）11時40分～12時30分 第３回
出席者名：母親，担任◎◎◎，養護教諭△△△，生徒指導担当◇◇◇
（コーディネーター）

苦戦していること（　服装・頭髪の校則違反，かっとなるとコントロールがきかない　）

児童生徒氏名 3年 2組 1番 リョウ 担任氏名 ◎◎◎	学習面 （学習状況） （学習スタイル） （学力）　など	心理・社会面 （情緒面） （ストレス対処スタイル） （人間関係）　など	進路面 （得意なことや趣味） （将来の夢や計画） （進路希望）　など	健康面 （健康状況） （身体面の様子）　など
情報のまとめ （A） いいところ 子どもの自助資源	・勉強をしたいという気持がある ・本が好き	・やさしい面がある	・手先が器用	・体力がある
（B） 気になるところ 援助が必要なところ	・本人の好きなことを伸ばす（工作など）	・対人関係がもてない ・社会的スキルの不足	・現在は家庭内で安心した生活ができていないため，進路を考えるゆとりが本人にない	・食事を規則正しくとっていない
（C） してみたこと 今まで行った あるいは 今行っている 援助とその結果	・読書を勧める。熱心に読むときもある	・いろいろな先生が声をかける	・心理的な安定のために，本人の不満等を聞く	・給食をとるように促す
援助方針 （D） この時点での 目標と援助方針	1 校則違反に「だめなものはだめ」とする態度と，気持ちを受容する態度の役割分担をする 2 リラックスできる場所の確保 3 リョウの気持ちを理解する 4 コミュニケーションの方法を豊富に提示する			
援助案 （E） これからの援助 で何を行うか	①学習以前に，安心して過ごせる場を確保する ②①の確保後，本人の好きなことを伸ばす	①相談室・保健室を居場所として提供 ②いろいろな先生が声をかけてかかわる（話しかけてほしがっている）。 ③場面に合わせた言葉の使い方を提示する ④気持ちの言語化	①進路を考える心理的なゆとりがないため，まず心理・社会面の援助を先に行う	①食習慣についての説明とチェックを，かみ砕いてていねいに根気よく続ける（食習慣の悪さを叱らない） ②給食を食べていくように勧める
（F） 誰が行うか	①担任・学年主任 ②担任・生徒指導担当	①生徒指導担当・担任・養護教諭 ②③担任・学年主任・生徒指導担当・学年の教師・養護教諭 ④養護教諭	①担任・学年主任・生徒指導担当	①②担任・養護教諭・栄養士・保護者
（G） いつから いつまで行うか	①②今学期から	①～④今学期 ↓ その後修正	①登校した時にチャンスをとらえて	①②登校した時にチャンスをとらえて

©Ishikuma & Tamura 1997-2003

7 マユミの危機的状況への援助

経緯

マユミは中学校3年生。1，2年生の時は，とくに目立つこともなくおとなしい生徒だった。ある日，授業から突然抜け出し，担任をあわてさせるという事件があった。屋上でうずくまっているマユミに理由を聞くと，「先輩がすぐに屋上に来いと言った」と，要領を得ない返事だった。3年生になった直後から，ニヤーっとひとり笑いをするなど，マユミに奇妙な様子が見られていたという。

（1）すぐに危機介入

5月上旬，養護教諭にマユミの異変を告げる連絡があり，危機介入を開始しました。

養護教諭は，担任が保護者と連絡を取っている間に，保健室で休んでいるマユミに会ってみましたが，目が宙をさまよっていて視線が合いません。そこで養護教諭はマユミの対応を教育相談担当にお願いし，駆けつけた母親に担任と一緒に会ってみました。ところが母親も気が動転し，オロオロして口をきくことができません。急きょ父親にも来てもらいましたが，父親も母親以上にオロオロしています。父親も母親も，「どうしていいかわからない」と，小刻みに震えて，いまにも倒れ込みそうな状態でした。聞けば，両親ともに心の病にかかったことがあるとのこと。そのためにいっそう動揺している様子でした。

そこで養護教諭は校長の了解をとり，医師に診せる大切さを話し，マユミを専門医に診

せる同意を両親にとりました。その時，両親からも「自分たちも不安で不安でしょうがない。心臓が破れそうだ。一緒に見てもらいたい」との申し出がありました。時計を見ると午後4時半でした。急がないと病院の診療の受け付けが終わってしまいます。両親の不安と混乱が著しいため，なんとかその日のうちに，マユミとマユミの両親を受診できるようにする手はずが必要と思われました。

担任や学年主任が両親の不安に耳を傾けている間に，養護教諭はマユミが受診できる病院を探しました。10分後に病院が見つかり，マユミと両親は受診できることになりました。

（2）家庭・学校と病院の連携

受診後，マユミは休養のために学校を休みました。学校でも医師の指示を理解しておく必要がありましたが，両親の不安が強く，医師の指示を正確に理解して学校に伝えることは，負担になると考えられました。そこで，学校での対応について担任が医師に相談に行くことを，両親に了解してもらいました。

マユミは，精神障害の疑いがあると診断されていました。ただし，思春期でもあり，慎重に経過を観察しつつ，同年齢の集団のなかで対応をしていくほうがいいとの医師からの指示がありました。そこで，マユミが調子の悪い時は休養させ，投薬と定期的な受診を欠かさないことを，家族と学校で共通理解しました。

9　援助シートを使った事例

さらに6月上旬，医師の助言を得ながらも，これから学校でマユミをどのように援助していくかを話し合いました（援助チームシート参照★）。マユミを自宅で1人にできないため，保護者には後日に結果を伝えることにして，担任，学年主任，養護教諭の3人で話し合いました。現時点では健康面を最優先に考え，そのほかはもう少し症状が落ち着いてから話し合うことにしました。この時点での，大きな援助の柱は下記の4点です。

①休養を第一にし，登校は医師と相談しながら決定すること
②服薬の徹底
③学校と家庭の連絡を密にし，両親を支える
④全職員の共通理解を行う

これらの方針にそって，いくつかの具体的な援助案を決めました。

①担任と養護教諭が中心になり，医療機関と連携する
②家庭で休養することを基本とし，登校した時は教室で学習する。マユミに疲れが見えるようであれば，保健室でいつでも休養させる。
③両親の了解を得て，これらを学校で共通理解する
④服薬は養護教諭が確認する
⑤両親との話し合いを月に1回継続し，家庭と学校での様子をすり合わせる
⑥これらの様子を医師にも伝える

両親には，これらの結果を担任からていねいに伝えました。6月下旬に，マユミの登校の許可が医師から出ました。2学期になるとマユミはしだいに落ち着きを取り戻し，3学期には教室に戻って卒業していきました。

【援助のポイント】

①子どもの心身の安定を第一におく。
②病院との連携が欠かせず，定期的な通院と服薬が必要（担任や養護教諭が服薬をチェックする）。
③定期的な面接で保護者を支える。

●援助期間　　　　　　　中学校3年生　1学期～卒業まで（約1年間）

●コーディネーター　　　養護教諭

●いつ援助シートを使ったか

第1回1学期★……危機介入後，マユミが学校へ登校する前の時点で使用。その後1年間，同じ方針，同じ役割分担で援助した

●シートがきっかけになってわかったことや情報

・マユミの健康状態を知ることで，心身の不安定さの程度がわかり，休養が第一であることを共通理解した。服薬の大切さについても共通理解した。

・保護者の了解を得て医療機関と連携することで，マユミの情報が得られ，校内の援助方針が決定できた。また援助方針を保護者と共有できた。

・マユミについて全職員での共通理解が必要なことがわかり，援助方針などを共有した。

マユミの危機的状況への援助（中学校）

石隈・田村式 援助チームシート

実施日　：○○年6月○日（○）9時30分〜10時20分 第1回
次回予定：－－年－月－日（－）－時－分〜－時－分 第－回
出席者名：担任◎◎◎，学年主任△△△，養護教諭◇◇◇
（コーディネーター）

苦戦していること（　　　　奇妙な言動があり，心身が不安定である　　　　　　　　）

児童生徒名 3年2組1番 マユミ 担任氏名 ◎◎◎	学習面（学習状況）（学習スタイル）（学力） など	心理・社会面（情緒面）（ストレス対処スタイル）（人間関係） など	進路面（得意なことや趣味）（将来の夢や計画）（進路希望） など	健康面（健康状況）（身体面の様子） など
情報のまとめ （A）いいところ 子どもの自助資源				・体力はある
情報のまとめ （B）気になるところ 援助が必要なところ				・心身の不安定 ・病気の治療（勉強は二の次） ・学校は療養所のつもりで休養第一に（医師の指示）
情報のまとめ （C）してみたこと 今まで行った，あるいは今行っている援助とその結果				・医療機関の紹介 ・両親との話し合い
援助方針 （D）この時点での目標と援助方針	1 休養を第一にし，登校してよいかは医師と相談しながら決定する 2 服薬の徹底（登校した時はチェック） 3 両親を支える 4 全職員の共通理解（両親の了解済み）			
援助案 （E）これからの援助で何を行うか		（健康面を優先）		①医療機関との連携 ②家庭でゆっくり療養。登校時は保健室で休養させる ③学校・学年での共通理解 ④服薬指導（登校時） ⑤両親を含む話し合いを継続（月1回位）
援助案 （F）誰が行うか				①担任・養護教諭 ②保護者・養護教諭 ③担任・学年主任 ④担任・養護教諭 ⑤担任・学年主任・養護教諭・保護者
援助案 （G）いつからいつまで行うか				①〜⑤学年末まで

©Ishikuma & Tamura 1997-2003

巻末資料

ロールプレイを使った研修会のもち方

　架空の事例を使った援助チームの話し合いを，シートを活用して練習することができます。つまり，チーム援助のロールプレイです。チーム援助を経験したことのない先生方にも，体験的に理解してもらうことができます。この研修会のおもな目的は，以下の2点となります。

①チーム援助の話し合いを実際に体験する。

　「情報のまとめ」→「援助方針の決定」→「援助案の作成」の流れを理解する。また，それぞれのメンバー（例：保護者，担任，教育相談担当）が，話し合いにおいて，どのような立場や気持ちでいるのかを体験する。

②司会者の役割を練習する。

（1）研修会の概要

　研修会の講師が中心になり，下記の手順で進めます。

ここでは「ヒロシさん」の事例を使った研修会とします。
●活動内容　　　　「ヒロシ」に対する援助方針，および具体的な援助案作成のための話し合いをチームで行う。
●参加者　　　　　4人以上。参加者を4人グループに分ける。
●所用時間　　　　120〜180分（ロールプレイの前の講義の長さにより調整する）
●用意するもの　　①プロフィール用紙
②援助チームシート（参加人数分＋グループ数分）
ヒロシについてA〜C欄の情報を記入済みのもの。
③援助資源チェックシート（参加人数分）
ヒロシの援助資源が記入済みのもの。

（2）研修会の進め方

　次に，標準的な手順を紹介します。4人程度のグループになり，苦戦している子どもであるヒロシさん（架空）の援助方針と援助案を，シートを使って考えます。

援助チームの考え方についての講義（30分～50分　省略可）

援助チームのロールプレイの前に，援助チームの考え方やその基盤である学校心理学についての講義を行うと効果的。
☆時間がない場合はロールプレイから始める。

ロールプレイの準備と実施（70分）

①4人グループをつくる（5分）

4人グループをつくり，机をつけてください。

②自己紹介と配役（5分）

今日はこの4人で，ヒロシさん（架空）の援助チームを組んでロールプレイをしてもらいます。チームは「コア援助チーム」を想定し，メンバーは①保護者（母でも父でも可），②担任，③養護教諭，④コーディネーター（今回は学年主任・生徒指導担当・進路指導担当・教育相談担当・特別支援教育担当またはスクールカウンセラーのいずれかとし，司会を兼ねる）の4人です。自己紹介をしながら，配役を決めてください。また記録係を1人決めてください。
人数の関係で5人のチームができた場合は，部活の顧問，管理職などから役割を1つ選んで加えてもらう。

③ロールプレイの目的と事例の簡単な説明（15分）

ロールプレイとは，それぞれの役割になりきって演じることです。
これからヒロシさんのプロフィールと，ヒロシさんが問題をもつようになった経緯，苦戦の状況（学級・学校，家庭など）についてお話しします。自分の役割になりながら聞いてください。また，お配りしたプリントのうち，「プロフィール」と「援助チームシート」を見ながら，必要なことはメモを取ってください。
講師は，前もって埋めてある援助チームシートのA～C欄と援助資源チェックシートを読み上げる。

④ロールプレイの進め方の説明（10分）

今日はロールプレイですから，不明なところは，みなさんが各自で想像してつくっていただきたいわけですが，どうしてもという質問があれば受けます。援助チームシートの上半分（情報のまとめ）に書かれていることは，参加者全員が共有していると考えてください。そのうえで，援助方針について検討すること，許される時間の範囲で具体的な援助案を考えることをめざします。

では，これからは司会者が中心になって，次の要領で進行

143

巻末資料

してください。ロールプレイの時間は約30分間です。

話し合いの進め方を，下記のとおり説明する。

> **ロールプレイの進め方**
> 1　司会者は，話し合いの参加者に参加のお礼を述べ，話し合いの目的と時間について伝える。
> 2　それぞれの参加者に自己紹介をしてもらう。その時，参加者には，子どもについてのいいところや子どもについて好きなことについて，ひとつ話してもらう。
> 3　参加者に，子どもの最近の様子について話してもらう。「情報のまとめ」は共有されているという前提だが，ロールプレイの促進のため，「情報のまとめ」から一部をとりあげて話してもらう。
> 4　援助方針の話し合いに入る。司会者が「ヒロシさんについての情報はまだまだ出そうですが，時間に限りがありますので，これらの情報を参考にして，ヒロシさんを援助する方針について話し合いましょう」と言う。
> 5　（時間の範囲で）援助の具体案を話し合う。
> 6　時間になったら，司会者が次の日程を確認し，参加者にお礼を述べて終わる。

最後に，ロールプレイの留意点を伝えます。①このロールプレイは，援助チームの話し合いを体験することが目的です。事例について深く理解しようと燃えないようにしてください。②ロールプレイなので，事例の内容でシートに書いてないことは，想像力で補ってください。そのため各グループで筋書きは違ってきます。それぞれの参加者のもち味を生かしてください。③シートのB（援助が必要なところ）を見て，A（いいところ）とC（してみたこと）を有効に使って，D（援助方針）やE（援助案）を考えてください。

⑤ロールプレイの実施（30分）

それでは，テストではありませんので，役割になりきって気楽に演じてください。自分の役をイメージして，あとは自由に台本をつくってくださっていいのです。援助案を決める期間は，夏休み中から2学期にかけてでもいいですし，それはグループで自由に決めてください。そ

144

れでは，なりきってお願いします。

講師は終了5分前になったら知らせる。

終了！ お名残おしいでしょうが終わりにしてください。みなさんすばらしいですね。まるでヒロシさんが実在しているかのようにお母さん・お父さん・担任の先生・保健の先生になりきってお話をしてくださっていました。また司会のコーディネーター役の先生，お疲れさまでした。大変だったと思います。ありがとうございます。それでは，手をパンとたたきますので，役割をここで降りていただいて，いつもの先生に戻ってください。

ロールプレイ後の振り返りと討論（50分）	
⑥**チームごとに感想を話し合う（10分）**	それぞれの役割を体験した感想を，グループのなかで話し合ってください。 **援助案の話し合いの続きではなく，役割を演じた体験について話すように注意する。**
⑦**全体で体験を共有する（10分）**	では，それぞれの役割ごとにちょっと聞いてみたいと思います。まず保護者の役をした方で，感想をみんなの前で言ってもいいなという方がいたら，手をあげてもらえますか。 **講師はそれぞれの役割について尋ね，それをまとめコメントをする。**
⑧**援助方針・援助案の発表（10分）**	では，時間の許す限り，いくつかのグループに援助方針・援助案を発表してもらいたいと思います。こちらのグループにお願いできますか。 **2つか3つのグループから発表してもらう。ロールプレイなので，それぞれのヒロシ像が違うのはもちろん，子どもの援助に関する参加者の経験や力，そして参加者が想定する学校内外の援助資源によって，援助方針や援助案がさまざまに作られることに，気づかせることが重要。**
⑨**援助チームについての討論，質疑応答（20分～）**	では，最後に質問を受けたいと思います。 **ロールプレイを通して援助チームについての理解が深まると，ポイントとなる質問が参加者から出されることが多い。できるだけ時間をとって質問を受け，援助チームでの話し合いの進め方について全体で討論できるとよい。**

巻末資料

ヒロシさんのプロフィール（架空事例） 　ロールプレイ用

＜援助チームのメンバー＞
　母親，担任，養護教諭，コーディネーター（学年主任，生徒指導担当，教育相談担当，特別支援教育担当，スクールカウンセラーなど）

＜苦戦している状況＞
　ヒロシは，中1の2学期頃から，気持ちが悪いといって1カ月に2〜3日，ぽつぽつと学校を休むようになった。母親がそのたびに学校に行くように大きい声で叱るので，なんとか連続して休むことはなかった。

　しかし2年生になると，1週間連続して休んでは3日くらい登校し，また連続して休むことが多くなった。心配した母親はヒロシを叱ったが，叱ると体がかたまってしまい，以前のようには登校できなくなった。そこで病院に連れて行ったが，異常は見つからず，医師には「精神的なものでしょう」と言われた。不安になった母親が，6月上旬に担任に相談した。

＜学級の様子＞
　学級担任の○○先生は，「生徒同士には活発に意見を交わしあい，いろいろなことを自主的に行動してほしい」という方針である。学年の中でも積極的に発言をするクラスで，クラスマッチの行事などにも強い。学級にはヒロシの友人がいるが，対等の関係ではなく，友達の後ろについてるという感じである。同じようなタイプの鳥取君とが一番仲がいい。

＜家族構成や生育歴＞

父	38歳	営業（中古車販売）	兄	中学3年生（15歳）長男
母	36歳	スーパー勤務	ヒロシ	中学2年生（14歳）次男
			妹	小学5年生（11歳）長女

　父親は，職場が遠方のために朝6時には出勤し，帰宅は夜10時過ぎである。

　母親は，家計を助けるために3年前からスーパーに勤めている。

　兄は優秀で，バスケット部の部長も務めており人気者。言いたいことは言うタイプ。

　弟のヒロシは，おとなしくて成績もあまり振るわず，運動も苦手。口ベタで，どちらかというと手先が器用で，プラモデル（ガンダム）が大好き。母親に外で遊ぶようにいわれると，小学校時代は，いつも兄の後ろについて兄の友達と一緒に遊んでいた。そのため，同学年の友達とはあまり遊ばなかった。兄は学校でも目立つ存在だが，ヒロシは目立たない。

　妹は兄に似て，活発で友達が多く，運動も得意である。

＜だれが何に困っているのか＞
　担任　　……「迎えに来てでも学校に連れて行ってほしい」という母親の強い態度に苦戦している。

　母親　　……ともかく学校を休ませたくない。勉強が遅れ，兄との差が開くことを心配している。

　養護教諭……ヒロシの休みが多くて気になっていたため，担任とよく情報交換していた。保健室登校を勧めていいものかどうか，担任の方針もあって言い出せないでいる。

＜話し合いをもつようになったきっかけ＞
　担任が困っており，その相談にのっていたコーディネーターが，保護者や養護教諭に呼びかけて話し合いをもつことになった。

田村・石隈式【援助資源チェックシート】

(1997〜2003)

ロールプレイ用

記入日　年　月　日

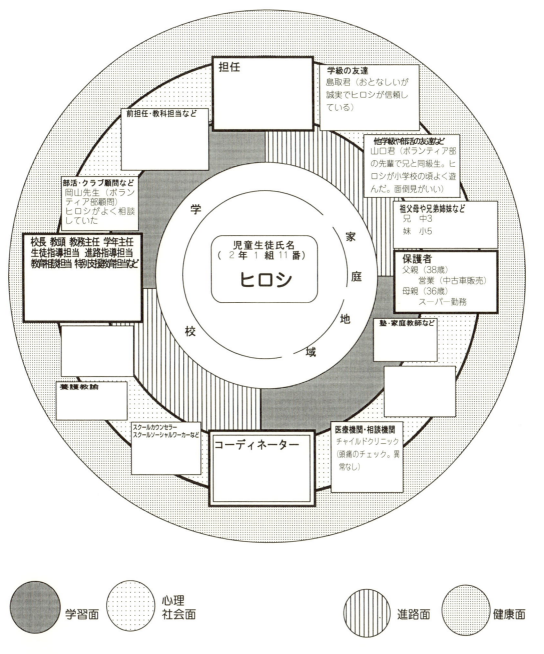

参考：石隈利紀・田村節子共著『石隈・田村式援助シートによるチーム援助入門―学校心理学・実践編―』図書文化
　　　石隈利紀著『学校心理学―教師・スクールカウンセラー・保護者のチームによる心理教育的援助サービス―』誠信書房
　　　　　　　　　　　　　　©Ishikuma & Tamura 1997-2003

巻末資料

石隈・田村式 援助チームシート

実　施　日：○○年○月○日（○）15時40分〜16時40分　第1回
次回予定：××年×月×日（×）15時40分〜16時40分　第2回
出席者名：母親○○，担任○○，養護教諭○○，コーディネーター○○

ロールプレイ用

苦戦していること（　　　　気持ち悪くて登校できない日が多い　　　　　　　　　　）

児童生徒氏名 年　組　番 ヒロシ 担任氏名		学習面 （学習状況） （学習スタイル） （学力） など	心理・社会面 （情緒面） （ストレス対処スタイル） （人間関係） など	進路面 （得意なことや趣味） （将来の夢や計画） （進路希望） など	健康面 （健康状況） （身体面の様子） など
情報のまとめ	（A） いいところ 子どもの自助資源	・技術が得意　　（担） ・目で見て理解する力が大きい（図形問題など得意） 　　　　　　　（担）	・真面目，几帳面（担） ・仕事を一生懸命行う 　　　　（担）（養） ・思いやりがある 　　（母）（養）（担）	・高校進学希望（担） ・プラモデルが好き（ガンダム）（母） ・老人ホームの花壇整備が好き(月1回) （ボランティア部）	・おおむね健康　（母）
	（B） 気になるところ 援助が必要なところ	・学習意欲がみられない　　（担）（母） ・怠けているように見える　　　　（母） ・作文や発表が苦手 　　　　（担・母）	・緊張が強い　　（養） ・嫌と言えない　（担） ・親や先生の期待をくみ取りすぎる（担）	・進路情報の不足 　　　　　　　（担）	・ストレスが胃痛や気持ち悪さとして出やすい　（医師）（養） ・朝寝起きが悪い
	（C） してみたこと 今まで行った，あるいは，今行っている援助とその結果	・登校してきた時にプリント類を渡し，勉強面の不安を聞いている　　　（担）	・家庭訪問を担任が行っている。会えるが，あまり話さないときもある　　（担）	・特になし	・病院を受診したが「異常なし」の診断 　　　　　　　（母）
援助方針	（D） この時点での 目標と援助方針				
援助案	（E） これからの援助で 何を行うか				
	（F） 誰が行うか				
	（G） いつから いつまで行うか				

参考：石隈利紀・田村節子共著『石隈・田村式援助シートによるチーム援助入門―学校心理学・実践編―』図書文化
　　　石隈利紀著『学校心理学―教師・スクールカウンセラー・保護者のチームによる心理教育的援助サービス―』誠信書房
　　　　　　　　　©Ishikuma & Tamura 1997-2003

コラム 20 コーディネーターは人をつなぐ

　チームワークよく援助チームが動いていくために，コーディネーターの働きかけは重要です。コーディネーターは，チームワークのために次のようなことを心がけるといいでしょう。

●はじめの一歩

　人と人をつないだり，つないだ関係を持続していくには，細かい配慮やエネルギーが大切です。そのなかでも，コーディネーターはとくに，「チームで援助している」という意識を強くもち続けることが必要です。

　ともすると，「苦戦している子の援助は，担任の先生が行うのが当たり前」という風潮があります。ですからコーディネーターは，子どもの学習面，心理・社会面，進路面，健康面の4領域を一人で援助することの限界を認識し，それぞれを分担して援助することが子どもにとって必要という認識を強くもっていないと，チームでの援助が始まりません。このような意識をもつようにすると，担任の先生が動きやすいように，ほかの先生にも協力を依頼してサポートするなどのことも自然にできてきます。

●次の一歩

　援助チームのメンバーに信頼関係が生まれるよう，個々に働きかけることもコーディネーターの大切な役目です。とくに，保護者と担任の先生の気持ちには配慮します。

　それぞれのメンバーは，コーディネーターからどのように働きかけられたかということから「自分がどう扱われているか」を知ります。それにより，チーム援助への参加意欲も左右されます。ですから，コーディネーターは一人ひとりにていねいにかかわることが大切です。

　ところで，コーディネーターの仕事は，何がなんでもチームで話し合う場面をつくることではありません。保護者が涙ばかり浮かべて不安定であったり，担任の先生と保護者の間に不信感が生じている場合などは，十分に時間をおいて，保護者が心理的に安定するためのサポートを先に行うことが必要です。

巻末資料

事例検討会での活用

　事例検討会を，援助シートを利用して行うことができます。実際に，いまその子どもの援助にかかわっているメンバー以外にも参加者を募り，グループに分かれて援助案を考えます。このような事例検討会には次の2つの目的があります。

　①できるだけ多くのメンバーが検討することで，援助方針や援助案を共通理解できる。

　②実際に話し合う過程で，チーム援助の意識が高まる。

（1）事例検討会の概要

●内容	苦戦している子どもに対する援助方針，および具体的な援助案作成のための話し合いを行う。その結果について校内で共通理解し，支援を継続する。
●参加者	全校職員，もしくは生徒指導部，学年単位の先生方など。参加者を4～6人グループに分ける。
●所用時間	約60分～90分
●用意するもの	①援助チームシート（参加人数分＋グループ数分） 　対象の子どもについてA～C欄の情報を記入しておく。 ②援助資源チェックシート（参加人数分） 　対象の子どもの援助資源が記入済みのもの。

（2）標準タイプの事例検討会の手順

　全体の司会者が次ページのような手順で進行を受けもちます。

①グループに分かれる	参加者はグループに分かれ，各グループごとに司会者と記録係を１名ずつ決めます。事例検討対象の子どもの担任は，援助資源チェックシートをもとに，実際に子どもと関係する職員でグループをつくります。そのほかの教師は，その子どもをサポートする支援チームという位置づけで，４～６人ずつのグループをつくります。
②子どものプロフィールの説明 （10～20分）	担任は子どものプロフィールを全体に説明し，子どものイメージがつかめるようにします。 ①子どもの最近の様子を説明します（３分程度で簡単に）。 ②援助チームシートのA～C欄と，援助資源チェックシートを簡単に読み上げます。 ③担任は全体から質問を受け，それに答えます。
③個人で援助チームシートに記入する （10分）	自分の立場でできる，具体的で小さな援助案を考えます。 「その子どものために何が必要か」 「自分のもち味を生かしてその子どものために何ができるか」 「援助を行うために自分はだれにどうしてほしいのか」 「親や担任に対して自分は何ができるか」など。
④グループで話し合い，援助チームシートに記入する （30～40分）	各自が記入したものをもとに，グループで話し合いながら援助チームシートを作成します。各グループの司会者がリードして話し合いを進め，具体的で小さな目標を立てるようにします。記録者は，グループに配られたシートに決定事項を記入します。
⑤発表とシェアリング （10～20分）	完成した援助チームシートを，各グループの代表が全体に発表します。それらの案をもとに，学校全体での援助の方向性を協議して共通理解を図ります。

ＳＯＳチェックリスト

　子どもの様子の変化を早期に発見するためのチェックリストです。右ページに示した名簿形式の表を利用して学級の子どもたち全員についてチェックするといいでしょう。

小学生のSOSチェックリスト

学習面
・勉強への取り組みに変化はないか
・勉強の道具の忘れ物が最近増えていないか
・宿題の取り組みに変化はないか
・テストの成績が下がっていないか
・授業中に手が挙がらなくなっていないか
・授業中にぼんやりすることが増えていないか
・授業中に不安な表情をしていないか

心理・社会面
・自分に対して否定的なイメージをもつようになっていないか
・学校での表情が暗くなっていないか
・イライラすることが増えていないか
・怒りがおさまらないことがないか
・一緒に遊ぶ友人に変化はないか
・学級内で孤立していないか
・家族に変化はないか
・教師に対する態度に変化はないか（例：さける、職員室や保健室の近くによく来る）

進路面
・好きなこと、楽しめることが減ってきていないか
・得意なことが減ってきていないか
・夢が言えなくなっていないか

健康面
・食事の様子に変化はないか
・けがや病気をしていないか
・頭痛や腹痛の訴えが続いていないか
・眠そうな顔をする日が続いていないか

全　般
・登校しぶりはないか
・最近、「事件（変わったこと）」はないか
・不規則な生活を送っていないか

中学生のSOSチェックリスト

学習面
・勉強への取り組みに変化はないか
・中間テスト、期末テストの成績が急に下がっていないか
・授業に投げやりになり始めていないか
・授業中にぼんやりすることが増えていないか
・授業中に眠ることが増えていないか

心理・社会面
・自分に対して否定的なイメージをもつようになっていないか
・学校での表情が暗くなっていないか
・イライラすることが増えていないか
・学級内で孤立していないか
・家族との関係に変化はないか
・教師に対する態度に変化はないか（例：さける、職員室や保健室の近くによく来る）
・服装や言葉遣いに変化はないか

進路面
・新しい事象や自分のこと以外に関心がもてなくなっていないか
・得意なこと（学習面、運動面、趣味など）が減ってきていないか
・決心がつきにくくなっていないか
・高校進学（大学進学）について急に態度を変化させていないか

健康面
・食事の様子に変化はないか
・けがや病気をしていないか
・頭痛や腹痛の訴えが続いていないか
・眠そうな顔をする日が続いていないか

全　般
・遅刻・早退が続いていないか
・理由の不明確な欠席はないか
・最近、「事件（変わったこと）」はないか

石隈利紀『学校心理学』誠信書房より

SOSチェックリスト〔中学生用・名簿形式〕　　調査年月日：　　　　　年　　月　　日

No.	氏名	勉強への取り組みの変化	テスト成績の急激な降下	授業中投げやりな態度	授業中ぼんやり	授業中眠ることの増加	自分への否定的イメージ	学校での暗い表情	イライラすることの増加	学級内での孤立	家族との関係の変化	教師に対する態度の変化	服装や言葉遣いの変化	関心がもてる対象の減少	得意なことの減少	決心がつきにくい	進学についての態度変化	食事の様子の変化	けがや病気	頭痛や腹痛	眠そうな顔	遅刻・早退	理由の不明確な欠席	事件の発生	合計
1																									
2																									
3																									
4																									
5																									
6																									
7																									
8																									
9																									
10																									
11																									
12																									
13																									
14																									
15																									
16																									
17																									
18																									
19																									
20																									
21																									
22																									
23																									
24																									
25																									
26																									
27																									
28																									
29																									
30																									
31																									
32																									
33																									
34																									
35																									
36																									
37																									
38																									
39																									
40																									

茨城県教育研修センター教育相談課『予防的な学校教育相談の在り方』研究報告書2002より

田村・石隈式【援助資源チェックシート ネットワーク版】

記入日　　年　　月　　日

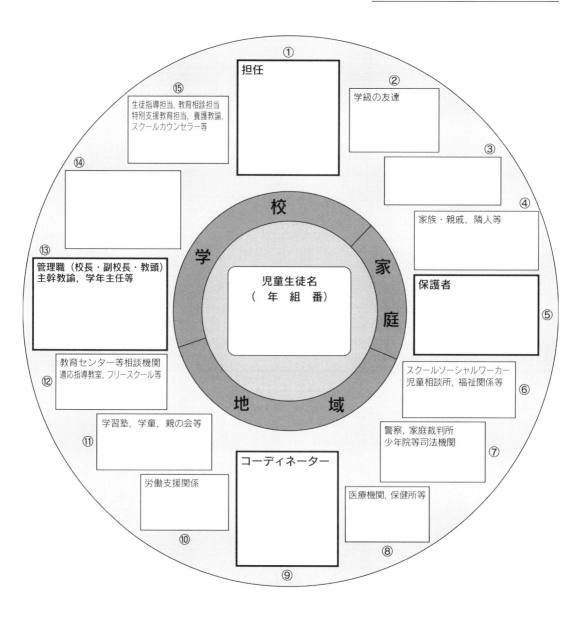

©Tamura & Ishikuma 1997–2017

さくいん

英数字

一次的援助サービス　12　75　92
二次的援助サービス　12　75　92
三次的援助サービス　13　75　92
3種類のかかわり　72　73
　Being-In／Being-For／Being-With
4種類のサポート　44
4つの援助領域　26　32　48　57
　学習面／健康面／心理・社会面／進路面
5つの援助領域
　知的能力・学習面／言語・運動面／心理・社会面／
　健康面／生活面・進路面
ADHD（注意欠如・多動性障害）　36　90
K-ABC，KABC-Ⅱ　16
LD（学習障害）　36　79　90　133
ＳＯＳチェックリスト　152　75
WISC-Ⅲ，WISC-Ⅳ　16

ア　行

アセスメント　13　27　53　60　69
アンケートシート　56
・児童生徒版　57　61　70
・保護者版　62　64　76
・保護者振り返り版　65　67　76
援助案　27　43　44　102
援助サービス　12　75　91　92
援助資源　13
援助資源チェックシート
　　27　48　49　50　69　78　94　115　147
・ネットワーク版　48　82　154
援助シート　25
援助者　18　19　20　21　27　47
援助チーム　22　29　82　83　84　86
援助チームでの話し合い　93　94　109
援助チームシート
　　25　26　32　38　69　78　95　115　148
・5領域版　28　36　37
援助方針　27　42　102
折り合い　16　25

カ　行

カウンセリング（個別面接）　13　46
学習スタイル　14　16
拡大援助チーム　82　83　130
学年主任　52　55　82
学校心理学　12
管理職　20　52　55　107
危機介入　139
教育相談担当　52　55　82
教務主任　52　55
研修会　142
コア援助チーム　29　82　83　89
校則違反　136
行動スタイル　17
校内委員会　90　133
コーディネーション　91
コーディネーター　51　82　84　85　89　149
心の教室相談員　21　52
心のドアキー　39　71
子どもへの援助の流れ　85
コンサルテーション　88

サ　行

作戦会議　93　109
サポーター　27　53　54　69　72
司会者　101　105　106
自助資源　13　14　70
シート記入ソフト　28　45　98　160
塾　51
守秘義務と報告義務　107
障害のある子ども　36　79　90　133
情報のまとめ　26　38
事例検討会　150
心理教育的アセスメント　13　53
心理教育的援助サービス　12
進路指導担当　52　55
スクールカウンセラー
　　20　47　52　69　71　84　88
スクールソーシャルワーカー　52　83
生徒指導担当　52　55　82
相互コンサルテーション　88
相談室登校　127

タ　行

担任　　20　29　50　82
チーム援助　　29　30　74　80
チーム援助の事例　　120
適応指導教室　　130
友達　　17　50　72
特別支援教育担当　　52　55　90

ナ　行

日程の調整　　99
ネットワーク　　31　55　82
ネットワーク型援助チーム　　82　83

ハ　行

発達障害　　36　90
話し合いでの席順　　100　104
引き継ぎ　　110
病院　　21　51　55　139

ビリーフ　　22　23　31
フィードバック　　60　71
不登校　　121
ペット　　51　69　72
保健室登校　　124
保護者
　　19　20　30　51　76　82　84　101　114

マ　行

面談　　78

ヤ　行

養護教諭　　52　55　82

ラ　行

リソース　　13
連絡の取り方　　99
ロールプレイ　　142

■ 引用文献（50音順）

石隈利紀，1999『学校心理学―教師・スクールカウンセラー・保護者のチームによる心理教育的援助サービス』誠信書房

石隈利紀・伊藤伸二，2001『論理療法と吃音―自分とうまくつき合う発想と実践』芳賀書店

石隈利紀・田村節子ら，近刊「心理教育的アプローチ」亀口憲治編『臨床心理面接技法3』誠信書房

茨城県教育研修センター教育相談課，2001『予防的な学校教育相談の在り方』（研究報告書）

上野一彦・牟田悦子・小貫悟編，2001『LDの教育―学校におけるLDの判断と指導』日本文化科学社

学会連合資格「学校心理士」認定運営機構学校心理士認定委員会，2002『学校心理士ガイドブック』

國分康孝監修・片野智治編，1997『エンカウンターで学級が変わる―中学校編』図書文化社

近藤邦夫，1994『教師と子どもの関係づくり―学校の臨床心理学』東京大学出版会

田上不二夫，1999『実践スクールカウンセリング―学級担任ができる不登校児童・生徒への援助』金子書房

田村修一・石隈利紀，2001「指導・援助サービス上の悩みにおける中学校教師の被援助志向性に関する研究―バーンアウトとの関連に焦点をあてて」教育心理学研究，49，438－448.

田村節子，1998「教師・保護者・スクールカウンセラーの援助チームに関する実践研究―公立中学校における学校心理学的援助の一試行―」筑波大学大学院修士論文（未公刊）

田村節子，2003「スクールカウンセラーによるコア援助チームの実践―学校心理学の枠組みから―」教育心理学年報，42,168-181

淵上克義，1995『学校が変わる心理学』ナカニシヤ出版

水野治久，2003『留学生の被援助志向性に関する心理学的研究』風間書房

吉田新一郎，2000『会議の技法―チームワークがひらく発想の新次元』中公新書

あとがき

完璧な親はいません。完璧な教師もいません。完璧なカウンセラーもいません。
そして……完璧な子どももいません。

みんな日々苦戦しながらなんとか生きています。この本で紹介した3つのシートは，地球上でたった一人のかけがえのない存在である子どもが，その子らしく，その子の人生を歩んでいくための，手助けのために生まれました。

すべての子どもたちのためのシートの生い立ちを少し……

私たちは，たくさんの人たちに支えられています。そして，多くのことをたくさんの人たちから学んでいます。私がいちばん多くのことを学んだのは，苦戦している子どもたちや保護者の方々からでした。一人ひとりの子どもは，いくつもの顔を持っていました。友達に見せる顔，親に見せる顔，先生に見せる顔，スクールカウンセラーに見せる顔……。

子どもがその顔の違いについて語るとき，「あぁ，そうか。そういう気持ちだったのね。だから，そんなふうに行動したのね」と，あらためて子どもたちが自分自身を守る力に驚かされました。

保護者の方からは，つらい状況のなかでも「こうかかわってみたら，こうだったんですよ」と，子どもや家族へのかかわり方について，素晴らしい知恵を持っていることに驚かされました。

先生方からも，多くのことを学びました。たくさんの子どもたちとかかわりながらも，「困っているこの子どもをなんとか助けたい」という熱い思いを感じました。さらに，今までの経験から，子どもたちへの手助けのための知恵やノウハウを，たくさんもっていることにも驚かされました。

カウンセラーの先輩たちからは，子どもや親の気持ちによりそう姿勢の大切さや，子どもが症状を出すことで何を訴えているのかを常に考えることの大切さなどについて学びました。これら

のことは，子どもを理解する糸口として，私のカウンセラーとしての座右の銘となりました。

しかし，スクールカウンセラーとして働く私には，もうひとつの視点が必要でした。それは，一人の子どもを『ひとりの人格』として見ると同時に，『ひとりの児童生徒』としても見る，という学校心理学の視点でした。その視点にふれて，私の援助は変わりました。個別に子どもに接するだけではなく，さまざまな知恵を持っている先生方や保護者の方と一緒に，みんなで自分たちの持ち味を生かして，子どもがうまくいくように手助けできたらと思うようになったのです。

そのためには，このような学校心理学の視点をもって話し合うための，共通の言葉が必要でした。そこで，私たちの伝えたいことを一枚の表にしてみました。それが，援助チームシートと援助資源チェックシート，そしてアンケートシートです。

こうして生まれた3つのシートは，あくまでもフレームです。

中身を埋めるのは人です。

さあ，ここからは，この本を手に取ってくださったみなさん一人ひとりが手助けの主役です。手助けを必要とするすべての子どもたちにとって，このシートがささやかにでもお役に立てることを心から願っています。

田村節子

謝辞

　この援助シートが生まれるきっかけになった子どものみなさん，それから保護者の方々や現場の先生方に深く感謝申し上げます。また，援助シートの活用やチーム援助実践の研究，およびこの本の作成に関してお世話になった，日本学校心理学研究会のメンバーや全国の都道府県や市町村の教育委員会，教育研修センターの先生方に心から感謝申し上げます。そして，お忙しいところ本書の原稿を読んでくださった先生方に深謝します。最後に私たちの無理な注文を快く引き受けながら，本書と読者をつなぐ橋をかけてくださったこの本の編集者・渡辺佐恵さんに心からお礼申し上げます。

石隈利紀
田村節子

石隈利紀　いしくま・としのり

筑波大学副学長・理事を経て，現在，東京成徳大学教授・筑波大学名誉教授。学校心理士スーパーバイザー，特別支援教育士スーパーバイザー。日本学校心理学会理事長，一般財団法人日本心理研修センター理事，一般社団法人日本スクールカウンセリング推進協議会理事長。

山口県生まれ。2年浪人後に大学に入学。20歳代は「自尊心の大けが」とつき合う。「家庭教師」を通して子どもや保護者から必要とされている自分に気づく……学校心理士としての原点となる。企業勤務・塾経営の後，30歳代はアメリカ合衆国で心理学を学ぶ。たくさん残っていた「向学心の薪」を燃やして。

アラバマ大学大学院博士課程修了。学校心理学で博士号（Ph.D）取得。カリフォルニア州の小学校のスクールサイコロジスト（インターン），サンディエゴ州立大学講師を経て，39歳で帰国。筑波大学学生相談室専任カウンセラーを経て，現職。趣味はカラオケ（持ち歌は「陽はまた昇る」）。

田村節子　たむら・せつこ

東京成徳大学教授。東京成徳大学大学院心理・教育相談センター長。学校心理士スーパーバイザー。臨床心理士。日本学校心理学会事務局長。

新潟県生まれ。男の子3人の育児に奮闘していた時，ある本の中の「限りなき他者性」という言葉と出会う。「子どもは自分の意思をもった，限りなく他人に近い存在なんだ」と思えたとたん，目からうろこが落ちる。これがカウンセリングを学ぶ原点となる。カウンセリングを学んだ後，「私たちが子どもを預かってあげる。間接的な社会参加になるから」というご近所の応援をもらい，スクールカウンセラーとして働き，学校内の連携というテーマにぶつかり心が揺れる。39歳で仕事を辞め，大学院入学。学校心理学と出合う。

筑波大学大学院修士課程修了，博士（心理学）。明治学院大学准教授などを経て，現職。趣味は，観葉植物，プチ筋トレとウォーキング他。

シート記入プログラム（SSPS）制作

田村清俊　たむら・きよとし　茨城県生まれ。東京工業大学大学院修了(電子システム専攻，工学修士)。
田村知大　たむら・ちひろ　茨城県生まれ。筑波大学大学院博士後期課程修了（電子・物理工学専攻），工学博士。企業勤務。

2018年6月現在

※本書は，2003年に刊行された書籍の改訂版です。

新版　石隈・田村式援助シートによる
チーム援助入門　ー学校心理学・実践編ー

2018年 9 月 1 日　初版第 1 刷発行 ［検印省略］
2023年 4 月10日　初版第 3 刷発行

著　者 ©	石隈利紀・田村節子
発行人	則岡秀卓
	株式会社　図書文化社
	〒112-0012　東京都文京区大塚1-4-15
	Tel.03-3943-2511　Fax.03-3943-2519
	http://www.toshobunka.co.jp/
装　幀	株式会社　オセロ
イラスト	株式会社　さくら工芸社
ＤＴＰ	株式会社　東京出版サービスセンター
印刷・製本	株式会社　厚徳社

ISBN 978-4-8100-8707-9

乱丁・落丁本の場合はお取り替えいたします。定価はカバーに表示してあります。

シート記入ソフト（SSPS）について   SSPS : Student Support Planning System

＜プログラムの概要＞
本書の「援助チームシート」と「援助資源チェックシート」を書くためのものです。ソフトでは，この２つのシートのデータを１組にして，１つのファイルで保存します。援助チームシートは「４領域版」「５領域版」のいずれかを選択します。データは共通なので，いつでも版を変更できます。ソフトのダウンロードとインストール，Windows vista以降の対応については，本書のサポートホームページをご覧ください（P.28参照）。

＜動作環境＊＞
① ＯＳ　　： Windows95／98／ME／2000／XP（98はセカンドエディションを推奨）
② ＣＰＵ　： ｉ386以上（PentiumⅡ以上を推奨）
③ モニタ　： 800×600以上（1280×960以上，フォントサイズ96dpiを推奨）
④ ＨＤ　　： 約10MB以上の空容量
⑤ プリンタ： Ａ４用プリンタ（ＰＣに直結を推奨）

＊機種や構成によって，上記を満たしても正常に動作しない可能性があります。エラーを繰返す場合は，別のパソコンでお試しください。このプログラムは現状渡し（As Is）であることを予め御了承ください。

＜ソフトの特長＞

☆補助画面で簡単入力☆　　　初めての方でも学びながらシートへの記入ができます

記入する欄をダブルクリック　　　補助画面が出ます　　　（期日入力枠の補助画面）

もちろん欄に直接書込んでもOK！

● 補助画面では，その欄に適した文を選択リストから選んだり，欄の説明を読むことができます。
● 日付はカレンダをクリックして入力することもできます。

☆プライバシー重視☆　　　個人情報の管理責任が強く問われる時代です

① 「暗号化のキー」
　「暗号化のキー」のファイルとデータのファイルは別の場所に保存しましょう。データに合った暗号化のキーがなければ，データは開けません。チームごとに暗号化キーを別にすれば安心です。

② 任意のデータ拡張子
　ファイル名末尾の「．○○○」の部分が自由ですから，間違ってメールで別のアドレスに送ってしまったり，パソコンのリサイクル後にデータが再現されてしまっても，クリックしたら見えてしまうというようなことはありません。

③ 有効期限の設定
　データに有効期限を設定することができます。プライバシーデータの期限管理を助けます。

インストール方法は，P.28の「シート記入ソフトのダウンロード」の項をご覧ください。